U0563200

唐洲雁 等 著

毛泽东与中国道路

MAO ZEDONG AND CHINESE ROAD

社会科学文献出版社
SOCIAL SCIENCES ACADEMIC PRESS (CHINA)

作者名录

撰稿：

  第一章：蔡庆新、费虹寰

  第二章：唐洲雁、祝志伟

  第三章：付闪

  第四章：唐洲雁、单劲松

  第五章：唐洲雁

统稿：

  唐洲雁负责全书统稿工作

  单劲松参加第二章、第四章、第五章统稿

  付闪参加第一章、第三章统稿

前　言

所谓中国道路，就是具有中国特色的革命道路和社会主义建设道路。从本质上来说，它是近代以来中华民族不懈追求的复兴之路，是中国共产党诞生以来带领人民大众反帝反封建的革命之路，是新中国成立以来艰辛探索的现代化强国之路，同时也是改革开放以来逐渐开辟的中国特色社会主义道路。毛泽东，是复兴之路的传承者，革命之路的领导者，强国之路的探索者，中国特色社会主义道路的先行者。

1840年的鸦片战争，西方殖民者的炮舰打开了中国的国门，中国人开始沦为殖民地半殖民地的悲惨境地。太平天国、洋务运动、甲午战争、戊戌变法，一次次割地赔款，一次次痛定思痛，一次次改良自新，终究难以摆脱民族失败的厄运。

"中国向何处去？"成为近代以来中华民族集体思考的时代主题；"国家富强、民族振兴到底路在何方？"成为一批批仁人志士艰难探索的努力方向。

1921年中国共产党的成立，是开天辟地的大事，它给灾难深重的中国带来了光明和希望。开展工人运动，实行国共合作，北伐战争如火如荼。然而，随着蒋介石、汪精卫相继叛变,第一次国共合作全面破裂,轰轰烈烈的大革命在血雨腥风中很快夭折,中国共产党人义无反顾地走上了农村包围城市、武装夺取政权的革命道路。

这条道路的开创者,就是历史伟人毛泽东。

正是在毛泽东的正确领导下,中国人民沿着这条武装斗争的正确道路,经过20多年的浴血奋战,终于创建了新中国。百余年来受尽奴役的中国人向全世界宣布:我们站立起来了!

路是一步一步地走出来的,凡事总有个先后。只有站立起来了,才能够迈开步子,走出一条新的道路。

为了这一天的到来,无数中国人前赴后继,经历了漫长的奋斗历程。一路坎坷,无数悲歌;几番苦斗,历尽磨难,终于实现了民族独立、人民解放和国家统一,为进一步实现中华民族伟大复兴的中国梦创造了根本前提。

新中国的成立,废除了100多年来外国侵略者强迫中国签订的一系列不平等条约和他们在中国攫取的种种特权,结束了旧中国长期受外国列强欺凌的历史,真正实现了民族的独立。中国人重新找回了自己的尊严,从此扬眉吐气,以崭新的姿态自立于世界民族之林。民族独立,特别是民族自尊心和自信心的空前提高,这是中华民族开始走上复兴之路、追求国家工业化和社会主义现代化梦想的一个重要标志。

新中国的成立,使得长期受尽压迫和欺凌的劳苦大众在政治上翻了身,第一次成为新国家、新社会的主人,过上了安居乐业的生活。他们过去的悲惨境况,是旧中国贫穷落后的深刻根源;他们今天当家做主人,是新中国、新社会的显著特征。在毛泽东时代,人民群众翻身得解放,当家做主人,为实现国家的繁荣富强,找到适合自己的发展道路,提供了最根本的依靠力量。

新中国的成立,实现了整个大陆地区的完全统一,结束了长期以来国家分裂和军阀混战的局面,在很短的时间里便成功地医治了战争创伤,荡涤了旧社会遗留下来的污泥浊水,营造了一个和平稳定的社会局面,从而为中华民族团结一致,探索面向工业化和社会主义现代化的发展道路,共同建设美好家园,奠定了坚实基础。

毛泽东缔造的新中国,它的政治属性突出地表现为人民性。它叫中华人民共和国,国体是工人阶级领导的、以工农联盟为基础的、团结各民主阶级和国内各民族的人民民主专政;政体是人民代表大会制度,人民行使国家政权的机关为各级人民代表大会。这一根本政治制度,保证了广大人民管理国家、社会事务的权力。在这种国体和政体之下,新中国实行中国共产党领导的多党合作和政治协商制度,以及民族区域自治制度等基本政治制度。这些基本政治制度,不仅有利于广泛吸收各民主党派和无党派民主人士参政议政,结成广泛的爱国统一战线;而且保障了各少数民族享有充分的自治权力,有利于维护各民族的大团结和国家的统一。中华人民共和国的国体和政体,以及它实行的基本政治制度,共同奠定了社会主义中国的基本属性,也为探索具有中国特色社会主义建设道路,创造了根本的政治前提。

毛泽东时代的中国,选择的是一条社会主义现代化的道路,目标是建设一个伟大的社会主义国家。在国民经济恢复任务完成以后,就及时采取和平、渐进的方式,通过对生产资料所有制的社会主义改造，建立起社会主义的基本经济制度。由于这个制度代表了新中国的前途和未来，凝聚了亿万民众的社会理想和精神信念，而且具有集中力量办大事、促进社会生产力迅速发展的优越性，从而催生了万众一心、风雨同舟的前进动力，形成了社会主义现代化的制度保障。对于中国这样一个经济文化落后的国家来说，通过走社会主义的道路来实现现代化，这是最好的选择，也是唯一正确的选择。社会主义的目标和方向，已经成为中国道路的精神支柱，为新时期的改革开放保驾护航。

要实现社会主义现代化，就必须走出一条适合中国国情的经济建设道路。在毛泽东时代，围绕着中国式的现代化，做了大量有益的探索，确立了"以农业为基础，以工业为主导"的国民经济建设总方针，提出了实现"四个现代化"的长远目标，初步建立起独立的比较完整的工业体系和国民经济体系。这不仅使中国在赢得政治独立之后又赢得了经济独立，而且为中国以后的发展奠定了一定的物质技术基础。

毛泽东时代的中国，目标是要在一穷二白的基础上，建设一个伟大的社会主义现代化强国。这是一项前无古人的艰巨工作，既没有现成的书本答案，又不能照抄外国经验，只有靠中国人自己在实践中探索。万事开头难，由于没有先例可循，毛泽东时代的探索，出现了许多的曲折，甚至发生过重大的失误，中国道路始终只能在摸索中前进。对此，邓小平有一个评价，他说："我们尽管犯过一些错误，但我们还是在三十年间取得了旧中国几百年、几千年所没有取得过的进步。"正是这些进步，为当代中国一切发展奠定了政治、经济和物质文化基础，也为实现中华民族复兴的伟大梦想创造了根本前提。没有这个基础和前提，今天的中国梦也就无从谈起。

党的"十八大"报告用四个"成功"，全面系统地概括了党的历代领导集体探索、开创、发展中国特色社会主义道路的艰辛历程。其中，以毛泽东为核心的第一代中央领导集体，成功实现中国历史上最深刻、最伟大的社会变革，为当代中国一切发展进步奠定了根本政治前提和制度基础。在此基础上，以邓小平为核心的第二代中央领导集体，成功开创了中国特色社会主义；以江泽民为核心的第三代中央领导集体，成功把中国特色社会主义推向二十一世纪；以胡锦涛为总书记的党中央，在新世纪新阶段成功坚持和发展了中国特色社会主义。

认真领会"十八大"的精神实质，不难看出，中国共产党人对社会主义建设道路的探索，从毛泽东时代就开始了，一直延续到邓小平及其以后的时代。这些探索可以分为两个历史时期，即改革开放前探索的历史时期和改革开放后探索的历史时期。其中前一个时期是在传统社会主义的理论框架下进行的，后一个时期是在中国特色社会主义理论框架下进行的；前一个时期的探索由于没有找到正确的目标、正确的道路，结果没有成功；后一个时期的探索接续了前人的实践，总结了其中的经验教训，找到了中国特色社会主义的目标方向，找到了改革开放的突破口，终于开辟了中国特色社会主义的伟大道路。

因此，如果说毛泽东时代的探索是中国社会主义建设的"上篇"的话，那么改革开放以后的探索则是"下篇"，这两个阶段的探索既相联系又相区别，前者为后者奠定了基础，后者是对前者的飞跃。正是从这个意义上，我们仍然可以说，中国共产党人对中国特色社会主义道路的探索，是"始于毛，成于邓"，即从毛泽东时代就开始探索，到邓小平时代终于找到了、开辟了这条正确道路。对此，习近平同志明确指出："我们党领导人民进行社会主义建设，有改革开放前和改革开放后两个历史时期，这是两个相互联系又有重大区别的时期，但本质上都是我们党领导人民进行社会主义建设的实践探索。中国特色社会主义是在改革开放历史新时期开创的，但也是在新中国已经建立起社会主义基本制度，并进行了20多年建设的基础上开创的。""不能用改革开放后的历史时期否定改革开放前的历史时期，也不能用改革开放前的历史时期否定改革开放后的历史时期。"

毛泽东曾经把孙中山称之为伟大的革命先行者。借用他对孙中山的这一评价，我们也可以说，毛泽东是探索中国特色社会主义道路的先行者。

相对于毛泽东领导的新民主主义革命来说，孙中山领导的旧民主主义革命无疑是失败了。但这丝毫不影响人们对他的革命性和革命功绩的评价，不影响他在中国革命史上的重要地位。中共"十五大"仍然把他列为20世纪三位伟人之首；每年国庆节的时候，天安门广场仍然会树立他的画像。这是因为，没有孙中山领导的旧民主主义革命的探索，中国人民就不可能找到新民主主义革命的正确道路。

同样，作为探索中国特色社会主义道路的先行者，毛泽东在这方面的历史功绩也永不可没。他在探索过程中，想过一些同时代人没有想过的事情，看到了一些同时代人没有看到的问题，做过一些前人没有做过的探索。当然，他也犯过一些前人没有犯过的错误。对于这些错误,人民理解他,历史原谅他。我们决不能因为毛泽东晚年犯了错误,就否定他是探索中国特色社会主义道路的先行者。特别是在社会主义中国即将步入全面小康、开启现代化新征程的时候,我们不能够也不应该忘记毛泽东时代的奠基之功。

本书是在我过去参加几部电视文献片创作的基础上撰写的。1999年,我参加了中央文献研究室和中央电视台等单位联合制作的16集电视文献片《新中国》的创作,并担任《英雄年代》《在动乱中》《非常岁月》《一九七八》《春风化雨》等5集的撰稿;2009年,我参加了中央宣传部等6部委联合制作的9集文献专题片《辉煌60年》的创作,并担任《奠基立业》《艰辛探索》两集的撰稿;2011年,我参加中央宣传部等6部委联合制作的10集文献纪录片《旗帜》的创作,并担任第2集《浴血奋斗》的撰稿。同年,还参加了中央文献研究室拟拍摄的电视专题片《中国道路》的创作。该片原计划拍15集,其中"毛泽东对中国道路的探索"拟拍5集,由我担任总撰稿,费虹寰、蔡庆新、祝志伟、付闪、单劲松等同事各担任一集的撰稿。这个计划后来因故作了调整,整个片子压缩为一集播出。但我和几位同事事前仍然进行了认真的写作。其中费虹寰撰写了第一集初稿《寻路》,祝志伟撰写了第二集初稿《开篇》,蔡庆新撰写第三集初稿《使命》,付闪撰写第四集初稿《领航》,单劲松撰写第五集初稿《奠基》。对这些初稿,我进行了认真的统改,其中最多的一集改了7稿之多。在充分吸收上述5集脚本和我创作的其他几部电视文献片相关脚本的基础上,我们编写了《毛泽东与中国道路》一书,借此纪念毛泽东诞辰120周年。

本书共分5章。其中第一章《开路先锋》，回顾了鸦片战争以来中华民族追求复兴的艰难历程，阐明了中国共产党的成立是破天荒的历史性巨变，讲述了毛泽东是怎样把中国共产党建设成领导中国革命不断走向胜利的开路先锋的历史故事。第二章《星火燎原》，讲述了毛泽东同形形色色的"左"右倾错误思想进行坚决斗争，最终实现马克思主义中国化的第一次历史性飞跃的生动故事，再现了毛泽东开辟"农村包围城市、武装夺取政权"的中国革命道路的艰难曲折过程。第三章《革命航程》，系统回顾了新民主主义革命理论的形成、发展历程，深情讲述了毛泽东是怎样把中国革命引上新民主主义的伟大航程的。第四章《奠基立业》，以新中国成立至1956年7次国庆庆典为线索，生动展现了毛泽东是如何领导党和人民克服艰难险阻，创造性地建立起新中国的各项基本政治制度，完成社会主义改造这一历史创举的。第五章《探索新路》，以文献解读的方式，展现了1956年至1976年间，毛泽东在领导社会主义建设时期所取得的成绩，以及探索历程的曲折与艰辛。

本书虽然文字不长，却是我和原来单位几位同事长期查阅档案资料，扎实掌握历史事实，深入研读经典文献之后创作出来的。书中既有对近现代重要历史事件的独特分析，又有对毛泽东经典文献的深刻解读，更有一个个令人难忘的领袖故事。它是我们长期写作艰深晦涩的历史和理论文章之余的一次新的尝试。既然是尝试，当然也就难免有这样那样的不足，敬请广大读者批评指正。

目 录
CONTENTS

第一章 开路先锋 …………………………………… 1
 一 山穷水尽疑无路 ………………………………… 1
 二 柳暗花明新路来 ………………………………… 3
 三 成功挫败皆难忘 ………………………………… 5
 四 思想建党破题来 ………………………………… 8
 五 千锤百炼铸先锋 ………………………………… 18
 六 延安整风谱新篇 ………………………………… 22
 七 联合政府新主张 ………………………………… 29
 八 领导人民得解放 ………………………………… 32

第二章 星火燎原 …………………………………… 37
 一 枪杆子里面出政权 ……………………………… 37
 二 霹雳一声暴动 …………………………………… 45
 三 红旗到底能打多久 ……………………………… 48
 四 星星之火可以燎原 ……………………………… 59

五　没有调查没有发言权 …………………………… 63
　　六　通向胜利之路 …………………………………… 67

第三章　革命航程 ……………………………………… 73
　　一　山雨欲来风满楼 ………………………………… 73
　　二　阶级分析辨敌友 ………………………………… 79
　　三　红旗卷起农奴戟 ………………………………… 82
　　四　统战法宝解国忧 ………………………………… 91
　　五　新民主主义指航程 ……………………………… 99

第四章　奠基立业 ……………………………………… 111
　　一　万事开头难 ……………………………………… 111
　　二　纵情欢歌庆新生 ………………………………… 118
　　三　重开新路铸华章 ………………………………… 120
　　四　敢叫日月换新天 ………………………………… 132
　　五　"一五"计划开新篇 ……………………………… 142
　　六　社会改造起高潮 ………………………………… 144
　　七　当家做主奠基石 ………………………………… 152
　　八　诗人兴会更无前 ………………………………… 157

第五章　探索新路 ……………………………………… 161
　　一　十大关系开新篇 ………………………………… 161
　　二　"八大"路线展宏图 ……………………………… 167
　　三　上下求索探新路 ………………………………… 172
　　四　奋发图强过难关 ………………………………… 182
　　五　接力探索待后人 ………………………………… 189

第一章

开路先锋

一　山穷水尽疑无路

熟读中国近代历史的人都不会忘记清末的一幅奇画——1900年清末爱国人士画的《时局全图》，这幅画描绘了当时中国惨遭列强瓜分的危局。画面边框上的"不言而喻"和"一目了然"，直接表达了中国人在亡国灭种威胁下的万般悲愤。

无独有偶，就在同时期，西方也有一幅不为中国人所知的漫画《降服中国龙》，画面上充斥着西方的中国想象以及凶恶的掠夺践踏，其灭亡中国的野心昭然若揭。

两幅画的历史性相遇，从侧面呈现了19世纪末20世纪初中国人的真实生存处境。

开始于18世纪60年代的西方工业革命，使西方的社会经济获得快速发展，而中国却受社会结构和民族心理的巨大历史惰性所累，大大落后于时代。

1840年的鸦片战争，西方殖民者的炮舰打开了中国的国

《时局全图》

门,中国开始沦为殖民地半殖民地的悲惨境地。鸦片战争、太平天国运动、洋务运动、甲午战争、戊戌变法、八国联军入侵、辛亥革命,等等,一次次割地赔款,一次次内外交困,一次次痛定思痛,一次次改良自新,终究难以摆脱民族失败的厄运。

"中国向何处去?"成为近代以来中华民族集体思考的时代主题。

从鸦片战争到辛亥革命,中国的有识之士面对民族危亡,在内忧外患的压力下,尝试了各种形式的变革和斗争,无论是波澜壮阔的太平天国农民起义运动,还是以"自强求富"为口号的洋务运动,以及此后的戊戌变法、清末新政,乃至推翻帝制的辛亥革命,经历了从旧式的农民起义到向西方学习、变革旧的政治与经济制度的历程。这是中国人认识自我、认识西方和道路选择的过程。然而,由于中国社会特殊的殖民地半殖民地性质，帝国主义的终极目的在于对中国的经济掠夺，终究不肯让中国走上发展的快车道；而国内的封建主义朝廷和地主阶级，也不愿意放弃手中的皇权和对广大民众的残酷剥削，使得中国在近80年（鸦片战争到中国共产党成立）中，几经挫折，终究找不到打破历史恶性循环的出路，近代中国几乎走到了山穷水尽之地步。

国家富强、民族振兴之路到底在何方？

二　柳暗花明新路来

辛亥革命以后，随着帝制的推翻、国内思想领域禁锢的削弱，各种东西方的新思潮开始涌入中国。思想激荡和精神反思进一步促成了中国知识分子的觉醒。1915年开始的新文化运动，开启了思想解放的闸门，西方的各种思潮纷纷登场，加速了中国社会的演化，也带来了传统与现代的激烈冲突。

当时流入国内的不仅有资产阶级启蒙时代的自由平等人权说，也有法国哲学家的生命哲学、奥地利的马赫和德国的阿芬那留斯的马赫主义即经验批判主义、以美国杜威为主要代表的实用主义等，还有以杜威实用主义为哲学基础的社会改良主义等。

各种冒牌的社会主义也纷至沓来，如日本武者小路实笃的新村主义、托尔斯泰的泛劳动主义、工读主义、无政府主义、工团主义、基尔特社会主义、合作主义以及修正主义，等等，都被当作"社会主义"流传着。而真正的科学社会主义即马克思主义，只是作为各种社会主义思潮之一，从1918年下半年起，也开始在中国得到初步传播。

在纷繁复杂的思想纠缠中，选择适合中国的强国道路，成为有识之士心中挥之不去的难题。而第一次世界大战暴露出西方文明的弊端，走西化的道路受到普遍质疑。严重的信仰危机，使目睹欧洲文明倒塌的中国人受到强烈刺激。

战后的巴黎和会，再次揭开了西方资本主义虚伪的面纱。热切倾心于"公理战胜强权"的中国人，在西方列强罔顾中国战胜国地位，将德国在中国山东的权益转让给日本的卑劣行径刺激下，深感失望并奋起抗争。

如火山爆发的五四运动，促进了马克思主义在中国迅速传播。

此前，俄国十月革命的成功，使中国人看到了中华民族解放的新希望。1918年11月的一天，北大图书馆主任李大钊在天安门广场发表了题为《庶民的胜利》的演说。在伫立的听众人群里，就有25岁的湖南青年毛泽东。

马克思主义对人类历史发展规律和趋势的科学把握，具有普遍指导意义，但它绝不是超越时空的万古不变的教条，必须在民族化和当代化的实践中向前发展。

由马克思主义与俄国革命实践相结合而形成的列宁主义，由于指导十月革命取得成功，被认为得到了马克思主义的真传，它将社会主义由抽象理论形态变成了活生生的现实制度，因此对中国人民具有特殊的吸引力。按照马克思主义的理论来改造中国，从此成为部分先进知识分子终生追求的目标。

马克思主义一旦被中国先进的知识分子接受，一个马克思主义政党在中国就呼之欲出了。

三　成功挫败皆难忘

1921年7月，党的"一大"召开。中国共产党的成立，是开天辟地的大事变，它给灾难深重的中国带来了光明和希望。

"一大"通过的党纲规定："推翻资本家阶级的政权"，"承认无产阶级专政"，"消灭资本家私有制"，"联合第三国际"。其实质就是要实行社会主义革命，用共产主义代替资本主义。纲领确立了集体领导的制度和民主集中制的组织原则。"一大"还决定以工人运动为工作重心，并对党的各项工作作出了具体的部署。

中共"一大"会址 　　　　中共"一大"会场

"一大"通过的党纲，体现了马克思主义关于无产阶级革命的基本原则，确立了马克思主义在整个党的工作中的指导地位，是中国共产党沿着马克思主义中国化的方向前进的前提条件。这个党纲尽管还缺乏对中国社会和中国革命特殊性的了解，一般地照抄了资本主义国家无产阶级政党的党纲条文。但刚刚诞生的中国共产党不可能天生就会解决革命道路上的所有问题。党要搞好自身的建设，要制定出一整套适合中国国情的马克思主义路线和方针、政策，不能不经过艰

难曲折的历程。

中国共产党一经成立,便致力于把马克思主义普遍原理与中国具体实际相结合。1922年1月,在党指导下创刊的青年团杂志《先驱》就率先提出,要把"努力研究中国的客观的实际问题",而求得"解决中国问题的方案",作为"第一任务"。

1922年7月,刚刚成立一年的中国共产党在上海召开第二次全国代表大会,鲜明地提出党的最高纲领是实现社会主义、共产主义。它在现阶段的革命纲领,即最低纲领是:消除内乱,打倒军阀,建设国内和平;推翻国际帝国主义的压迫,达到中华民族完全独立;统一中国为真正民主共和国。从此,中国共产党人开始明确了反帝反封建的民主革命目标。

确立了伟大的奋斗目标,还必须找到一条到达彼岸的正确道路。根据十月革命的成功经验,年轻的中国共产党选择了开展工人运动这一斗争途径。在党的领导和推动下,很快掀起了工人运动的第一次高潮。以1922年1月香港海员罢工为起点,在持续13个月的时间里,全国发生大小罢工100余次,参加人数在30万以上。

1923年2月4日爆发的京汉铁路大罢工,使第一次工人运动达到顶点。2月7日,此前口口声声宣称"保护劳工"的直系军阀吴佩孚血腥镇压了京汉铁路沿线的工人罢工,共产党员林祥谦、施洋先后被残忍杀害。

血的教训告诉中国共产党人,面对强大的敌人,要赢得斗争的胜利,就必须争取一切可能的同盟者,壮大革命队伍,开展武装斗争。而此时，在中国的南方，孙中山已经拥有了一支数万人的武装。因此，争取与国民党的合作，成为共产党人的必然选择。

在共产国际的推动下，1923年6月在广州召开的中共"三大"通过《关于国民运动及国民党问题的议决案》，提出"以国民革命运动为中心工作，以解除内外压迫"的基本任务，强调"中国共产党须与中国国民党合作，共产党党员应加入国民党"。

半年过后，同在广州，国民党在孙中山的主持下，召开了第一次全国代表大会，事实上确立了"联俄、联共、扶助农工"的三大政策，标志着第一次国共合作正式形成。

国共合作的实现，很快促进了工农运动的恢复和发展，开创了反帝反封建的革命新局面。

1925年1月召开的中共"四大"总结了国共合作一年来的经验教训，提出了无产阶级在民主革命中的领导权问题和工农联盟问题，对大革命高潮的到来起到了有力的推动作用。

李大钊与孙中山步出国民党"一大"会场，第一次国共合作形成

全国范围的大革命高潮是从上海的五卅运动开始的，很快席卷全国，波及北京、广州等几十个大中城市，各地约有1700万人直接参加了运动。

1926年，国民革命进入一个新的发展阶段。这年7月，国民革命军誓师北伐，在沿途工农群众的踊跃支持下，一路势如破竹，在不到一年的时间里先后击败了军阀吴佩孚、孙传芳，几乎控制了大半个中国。时任北伐军前敌总指挥的唐生智由衷地说："我们这次革命的成功，完全是工农群众的力量。"

然而，由于年轻的中国共产党人缺乏足够的经验和理论准备，忽视了对国民革命领导权和革命武装的掌握，自恃掌握武力的国民党新右派蒋介石举起了屠刀，于1927年发动"四一二"反革命政变，公然叛变革命。

在革命紧急关头召开的中共"五大"，对武汉汪精卫政府也丧失警觉，采取右倾迁就政策，未能在生死存亡的关键时刻为全党指明方向。不久，汪精卫也背叛革命，发动"七一五"反革命政变。

蒋汪相继叛变，使第一次国共合作全面破裂。从1927年3月到1928年上半年，共产党人和革命群众被杀害的达31万多人，其中党员2.6万多人，党员数量从大革命高潮时的近6万人急剧减少到1万多人。轰轰烈烈的大革命在血雨腥风中夭折了。

四　思想建党破题来

1927年8月1日，南昌起义爆发，中国共产党打响了武装反抗国民党的第一枪。此后中共中央在汉口秘密召开"八七会议"，进一步确定了土地革命和武装反抗国民党反动派的总方针。在这一方针指导下，中国共产党人先后组织发动了秋收起义、广州起义等一系列武装起义，沉重打击了国民党反动派。

但由于敌众我寡，各地暴动武装在进攻大城市失败后，被迫退往农村，并在偏远山乡创建了革命根据地。毛泽东率领秋收起义部队，来到了湘赣边界的井冈山，开始了农村革命根据地的建设。这是一条前人没有走过的革命道路。

1928年4月，朱德、陈毅率领南昌起义余部和湘南起义农军到达井冈山。朱毛两军会师，成立工农革命军第四军，壮大了井冈山革命根据地的军事力量。在中国共产党领导中国革命走上武装斗争、农村包围城市的新路之后，如何进行党的建设，使之能够成为领导中国革命走向胜利的坚强核心和开路先锋，成为摆在年轻的中国共产党人面前的一个最紧要的课题。

《井冈山会师》油画

朱毛会师的时候，并不知道党的"六大"很快就要在异国他乡召开。

从莫斯科市区驱车40公里，就可以到达沙俄时代大贵族穆辛·普希金庄园。1928年6月18日至7月11日，中国共产党第六次全国代表大会就在这里召开。这是中共在遭受大革命失败之后召开的一次重要会议，对中国革命的复兴和发展，起到了积极的推动作用。

在共产国际的主导下，这次会议特别强调吸收产业工人入党，倡导党员成分"无产阶级化"和"指导机关之工人化"。在有表决权的84名正式代表中，工人有41人，占48.8%；在大会选出的由23名中央委员和13名候补中央委员中，工人有21人，占58.3%。而在当时全国党员成分中，工人党员只占农民党员的1/7左右。这个比例，随着中国革命的重心逐步向农村转移，还有不断扩大之势。

"六大"以后，在7月20日召开的中共中央政治局第一次会议上，又根据共产国际的意见，会议把工人出身的向忠发推上了中央政治局主席和中央常委主席的位置。但就是这个向忠发，由于经不住白色恐怖条件下的艰苦斗争考验，很快成为共产党的叛徒。

显然，在中国这样一个农民占人口绝大多数的农业大国，要想开辟一条独具特色的革命道路，仅仅依靠约占全国人口5%的工人阶级，只注意在他们中间发展党员，片面强调"唯成分论"，坚持党员成分无产阶级化和指导机关工人化，盲目排斥农民及其他受压迫的阶级、阶层，是行不通的。长此下去，最终只能脱离中国国情，使革命失去最广大人民群众的支持。对于这个浅显的道理，毛泽东早在《中国社会各阶级的分析》和《湖南农民运动考察报告》中，就已经有所阐述。

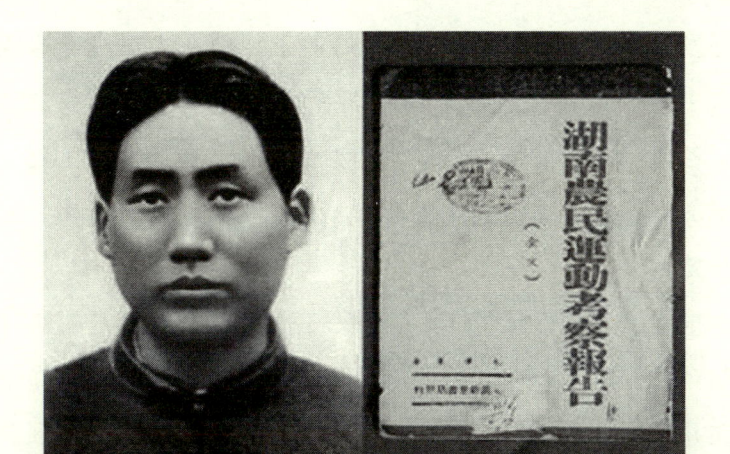

毛泽东与《湖南农民运动考察报告》

　　毛泽东没有参加在莫斯科召开的中共"六大",但仍然担任了第六届中央委员,是少数农民出身的中央委员之一。此时,他正和朱德一起,在湘赣边界领导红四军创建井冈山革命根据地。"六大"召开之时,红四军刚刚取得龙源口大捷,根据地面积达7200多平方公里,人口共50多万人,用毛泽东自己的话说,"是为边界全盛时期"。

　　然而,在初到湘赣边界的时候,这里的党组织和党员状况又是什么样子呢?1928年11月25日,毛泽东在给中央的报告,即著名的《井冈山的斗争》一文中,有过具体的描述。他说:"去年十月,红军(工农革命军第一军第一师第一团)到达边界各县时,只剩下若干避难藏匿的党员,党的组织全部被敌人破坏了。"

　　事实正是如此。这年10月中旬,当毛泽东率领部队来到酃县水口村时,该县自"马日事变"后,已只剩下一个临时党支部,3名党员在坚持活动。对此,毛泽东当即提出要抓紧做好发展党员的工作。10月15日晚上,他在水口村叶家祠堂亲自主持了赖毅、陈士渠等6名新党员的入党宣誓仪式。此后,各连队相继举行了类似的建党活动,并在此基础上建立了党支部。部队的政治空气逐渐浓厚,党员数量日益增多,战斗力开始增强。

早在"三湾改编"时,毛泽东就提出要"把支部建在连上",这是建设新型人民军队的重要开端。但由于当时尚未明确在井冈山"落脚",没有时间发展党员,因此这个原则并未得到及时贯彻。"水口建党"使"三湾改编"的成果真正落到了实处。后来的边界斗争实践证明毛泽东所言:"红军所以艰难奋战而不溃散,'支部建在连上'是一个重要原因。"

《三湾改编》油画

鉴于大革命失败后湘赣边界党的组织遭到严重破坏的情况,1927年11月初,毛泽东又在井冈山茅坪的象山庵召集永新、莲花、宁冈三县党组织负责人会议,研究部署重建党组织、开展工农武装割据等问题。会后,边界各县党组织迅速恢复。对此,毛泽东在《井冈山的斗争》中欢欣鼓舞:"到今年二月，宁冈、永新、茶陵、遂川都有了党的县委，酃县有了特别区委，莲花亦开始建立了党的组织，和万安县委发生了关系。"

党员队伍发展壮大了，从支部到县一级的党组织也迅速恢复起来，然而边界党的建设却遇到了新的问题。这就是："边界各县的党，几乎完全是农民成分的党"；"许多是一姓的党员为一个支部，支部会议简直同时就是家族会议"；"各县之间地方主义很重，一县内的各区乃至各乡之间也有很深的地方主义"。更有甚者，到处都是机会主义现象："一部分党员无斗争决心，敌来躲入深山，叫作'打埋伏'；一部分党员富有积极性，却又流于盲目的暴动。这些都是小资产阶级思想的表现。"对此，毛泽东深有感触地说："在这种情形下，'斗争的布尔什维克党'的建设，真是难得很。"

越是艰难得很，越是当务之急。1928年"八月失败"以后，为了纯洁党的组织，提高党的战斗力，边界各县党组织于9月进行了严厉整顿：一方面把一些"反水"投敌、贪污腐化的党员清洗出党，解散一些问题比较严重的党组织，纯洁党员成分和党的机关；另一方面吸收一些思想进步、忠实勇敢的工农优秀分子入党，在各级党组织里面扩大工农成分。经过这次"洗党"，虽然党员数量减少了，但战斗力反而增强了。

残酷的斗争现实，使毛泽东认识到"思想领导"的重要性。他向中央报告说："我们感觉无产阶级思想领导的问题，是一个非常重要的问题。边界各县的党，几乎完全是农民成分的党，若不给以无产阶级的思想领导，其趋向是会要错误的。"

中国共产党人在广大农村开展武装斗争，党员的来源主要是农民群众。在这种特殊的国情下，如何把马克思主义的建党学说与中国具体实际相结合，探索出一条适合世情国情党情的建党道路，把一个农民成分占绝大多数的党建设成为真正的马克思主义政党，这是一个时代性的难题。毛泽东提出"给以无产阶级的思想领导"，标志着中国共产党人已经在开始破题。

然而加强无产阶级思想领导的观点，一开始并没有为中央所接受，甚至在红四军内部也没有形成统一的认识。

1929年春，红四军主力从井冈山下来后，艰难转战于赣南、闽西，队伍内部围绕着党的建设和红军发展方向等重大问题，产生了认识分歧。这些分歧首先是由红四军要不要设立军委引起的，而实质上是一场关于党和军队关系问题的争论。

时任红四军政治部秘书长的江华后来回忆说：所谓党和军队的关系问题，主要是由于红军初创时期，大部分人是从旧式军队里脱胎出来的，他们习惯于旧军队的领导方式，喜欢"长官说了算"，对党的领导不赞成、有怀疑，不愿接受"思想领导"，认为现在"党太管事了"，"党代表权力太大"，主张"司令部对外"，政治部只能"对内"，等等。这些都严重影响了党对军队绝对领导权的建立。

争论期间，毛泽东于1929年6月14日，以给林彪复信的形式写了一篇长文，明确提出要克服这种非无产阶级思想。他认为"四军党内显然有一种建立于农民、游民、小资产阶级之上的不正确的思想，这种思想是不利于党的团结和革命的前途的，是有离开无产阶级革命立场的危险"；强调"我们必须和这种思想（主要的是思想问题，其余是小节）奋斗，去克服这种思想，以求红军彻底改造，凡有障碍腐旧思想之铲除和红军之改造的，必须毫不犹豫地反对之，这是同志们今后奋斗的目标"。

然而，随后在福建龙岩召开的红四军第七次代表大会，不但没有接受毛泽东对非无产阶级思想的批评，而且否定了他关于必须坚持党的民主集中制领导原则等正确意见。大会在选举前委书记时，由中央指定的前委书记毛泽东没有当选。会后，他不得不离开红四军主要领导岗位，到闽西休养并指导地方工作。

发生在红四军内部的争论很快就传到了远在上海的中共中央。中央政治局于8月下旬专门召开会议，听取陈毅关于红四军争论的情况汇报，并决定由周恩来主持、陈毅执笔起草了著名的"九月来信"。在这封给红四军前委的指示信中，中共中央指出"前委要加强指导机关的威信与一切非无产阶级意识作坚决的斗争"，并说明"毛同志应仍为前委书记"。显然，毛泽东关于要克服各种非无产阶级思想的观点，得到了中央的认同。

两个月后，毛泽东重新回到红四军前委主持工作。他要做的第一件事情，就是筹备召开中共红四军第九次代表大会，着手开展部队整训工作，建立政治领导，纠正党内各种错误倾向。

为准备起草红四军"九大"决议，毛泽东在汀州龙岩会馆、新泉望云草室，多次召开地方干部座谈会，各党支部、纵队代表联席会，广泛听取意见。

在上杭县古田镇八甲村，毛泽东白天在松荫堂开座谈会，晚间起草决议。

为了加快写作进度，毛泽东调来前委秘书熊寿祺和军政治部宣传员宋裕和协助工作。为了御寒，他们帮毛泽东生起一个炭炉放在桌边取暖。夜深了，宋裕和似乎闻到一股焦糊味，赶紧查找，原来是木炭炉里的火星溅到毛泽东的棉大衣上，烧了个洞。他们赶紧把火星掐灭，而毛泽东还在埋头写决议，浑然不知。

古田会议会场

1929年12月28日、29日，红四军"九大"在古田召开。会议一致通过了毛泽东起草的8个决议案，统称为《古田会议决议》。其中第一部分《关于纠正党内的错误思想》，被收入了1951年出版的《毛泽东选集》第一卷。

这篇文献一开头就直言不讳地指出："红军第四军的共产党内存在着各种非无产阶级的思想。这对于执行党的正确路线，妨碍极大。"这些错误思想的来源有二：一是"由于党的组织基础的最大部分是由农民和其他小资产阶级出身的成分所构成的"；二是由于"党的领导机关对于这些不正确的思想缺乏一致的坚决的斗争，缺乏对党员作正确路线的教育"。

紧接着，毛泽东从实际出发，一一列举当时红四军党内存在的各种错误思想，包括单纯军事观点、极端民主化、非组织观点、绝对平均主义、主观主义、个人主义、流寇思想、盲动主义残余等，分析它们的来源，提出纠正的方法。其中特别强调，党内最迫切的问题是教育，要注意对广大党员进行正确的政治路线和思想路线教育，提高他们的政治水平，使党员的思想和党内的生活都政治化、科学化。这个决议，实际上确立了一条思想建党的马克思主义路线，成为党的建设的纲领性文献。

毫无疑问，人都是有思想的，人的一切行为都是靠思想来支配的。正是从这点出发，毛泽东创造性地提出从思想上建党的问题，强调把党的思想建设放在第一位，注意用无产阶级思想去纠正非无产阶级思想，从根本上保证党的无产阶级性，实现党的无产阶级化。可以说，《古田会议决议》第二部分关于"党的组织问题"、第三部分关于"党内教育问题"、第四部分关于"红军宣传工作问题"，都是为了保证党的思想建设而提出的。

针对艰苦征战、环境恶劣的现实，为了提高红军党员的素质，《古田会议决议》作出了发展党员的5条具体规定：(1)政治观念没有错误的（包括阶级觉悟）；(2)忠实；(3)有牺牲精神，能积极工作；(4)没有发洋财的观念；(5)不吃鸦片、不赌博。

在今天看来，这5条入党要求实在不算过高，但它非常符合当时的斗争实际，体现了对一个共产党员的无产阶级要求，说明了以毛泽东为代表的中国共产党人，在开创中国革命道路、建设无产阶级政党的进程中，所坚持的马克思主义立场和实事求是精神。

如果说，《井冈山的斗争》提出克服各种非无产阶级思想，还只是为处于小资产阶级汪洋大海中的无产阶级政党建设破了题的话；那么，《古田会议决议》提出从思想上建党的原则，则是交出了一份科学的答卷。"唯成分论"教条主义地排斥广大农民群众，固然不适合中国国情；但一味迁就甚至放纵农民阶级的小生产意识和落后观念，也不可能把我们党建设成为马克思主义先进政党。从思想上建党的原则，把马克思主义建党学说，与半殖民地半封建的中国社会实际、革命实际和党的建设实际紧密结合起来。它的提出，开创了实现马克思主义党的建设理论中国化的伟大道路。

从思想上建党，实际上解决的是以农民和其他小资产阶级成分占绝大多数的中国共产党，如何加强自身建设，成为具有广泛群众性的无产阶级政党，并始终保持先进性的问题。不解决这个问题，它所领导的革命就和中国历史上的历次农民起义没有本质的区别；它所开创的农村包围城市的道路，也就无法长期坚持下去。以毛泽东为代表的共产党人，从挫折中奋起，不仅实现了中国革命从城市到乡村的转移，而且实现了党的建设从"唯成分论"到"思想建党"的历史性转变。

五　千锤百炼铸先锋

20世纪30年代中前期，国际形势发生了巨大变化：法西斯分子在德国上台，日本扩大在中国的侵略。

1931年，正当国共两党及其军队在赣南、闽西陷入苦斗的时候，早已虎视眈眈的日本人在中国东北制造了震惊中外的九一八事变。顽固推行"攘外必先安内"政策的蒋介石，加紧了"围剿"中央苏区的步伐。由于王明"左"倾错误路线的破坏和干扰，中央红军第五次反"围剿"最终失利，被迫进行万里长征。

1935年1月召开的遵义会议，结束了王明"左"倾错误路线在中央的统治，初步确立了毛泽东在党和红军中的实际领导地位，实现了党的历史上一次生死攸关的转折。

然而，就在这一年，日本人通过华北事变，轻而易举地控制了中国华北的大部分地区。"中华民族到了最危险的时候！"国难当头，共产党责无旁贷！在这"大变动的前夜"，中国共产党的发展和建设怎样才能适应剧变的形势，担当起领导全民族抗战的重任？这是毛泽东面临的又一个严峻而紧迫的问题。

这年12月，中共中央在陕北瓦窑堡召开政治局扩大会议，通过《中央关于目前政治形势与党的任务决议》，根据变化了的政治形势，明确提出中国共产党既是"无产阶级的先锋队""又是全民族的先锋队"的"两个先锋队"思想。在党的自身建设问题上，"决议"强调必须反对在发展党员中的关门主义倾向，主张"一切愿意为着共产党的主张而奋斗的人，不问他们的阶级出身如何，都可以加入共产党"；"能否为党所提出的主张而坚决奋斗，是党吸收新党员的主要标准。社会成分是应该注意到的，但不是主要的标准"。这进一步批评了过去长期存在的过分强调党员出身的"唯成分论"。

瓦窑堡会议决议对毛泽东着重从思想上建党的观点做了十分深刻的发挥。它明确指出：党不惧怕非无产阶级党员政治水平不一致，可以用共产主义教育去保证提高他们到先锋队的地位。它清醒地看到了农民和其他小资产阶级出身的人常常在党内占大多数的必然性，明确指出保持党的"布尔什维克地位"的关键，是对党员进行共产主义教育，把党变成一个共产主义熔炉。这些思想，无疑是对《古田会议决议》的继承和发展。

全面抗战爆发后，在爱国抗日旗帜的感召下，大批青年学生、知识分子纷纷来到延安和共产党领导的各抗日根据地。在这种情况下，中国共产党进一步高扬起"两个先锋队"的旗帜，不断发展和壮大自己的队伍。

1938年3月15日，中共中央专门作出关于大量发展党员的决议，要求"打破党内在发展党员中关门主义的倾向"，"大胆向着积极的工人，雇农，城市中与乡村中革命的青年学生，知识分子，坚决勇敢的下级官兵开门，把发展党的注意力放在吸收抗战中新的积极分子与扩大党的无产阶级基础之上"。

同年10月，毛泽东在六届六中全会上又进一步提出，"为了克服困难，战胜敌人，建设新中国，共产党必须扩大自己的组织"，向"广大工人、农民和青年积极分子开门，使党成为一个伟大的群众性的党"。

正是根据上述政策和指示，中共敞开大门，大力发展党员，"大量吸收知识分子"，迅速壮大自己的队伍，扩大群众基础，提高了社会影响力。据统计，到1938年底，中共党员人数已从抗战初期的4万多发展到了50多万。短短一年半的时间内，就猛涨了10多倍。

在大力发展新党员过程中，很快就出现了新的情况和问题。一些地方盲目追求新党员数量，突击发展党员，不仅使一些普通分子或党的暂时同路人加入了党，而且使一些异己分子、投机分子甚至奸细也乘机混入了党内。因此在思想上、政治上、组织上巩固党，很快成为一个极端严重的任务。

1939年6月13日，毛泽东在延安高级干部会议上率先提出："党已在全国有了大数量的发展。现在的任务是巩固它。"8月25日，中央政治局作出关于巩固党的决定，进一步指出："巩固党的组织工作为今后一定时期的中心任务。""巩固党的中心一环，就是加强党内马克思列宁主义的教育，阶级教育与党的教育。"

在此后的一段时间里，为加强对党员特别是新党员的政治思想教育，毛泽东等中央领导人发表了一系列有关党的建设的论著。除了著名的《〈共产党人〉发刊词》外，有影响的还有张闻天的《共产党员的权利与义务》、陈云的《怎样做一个共产党员》等。

在《〈共产党人〉发刊词》中，毛泽东明确提出："我们的党已经是一个全国性的党，也已经是一个群众性的党；而且就其领导骨干说来，就其党员的某些成分说来，就其总路线说来，就其革命工作说来，也已经是一个思想上、政治上、组织上都巩固的和布尔什维克化的党。"

鉴于党所处的环境、所担负的任务，比过去艰巨得多，而党内成分和思想状况又比过去复杂得多的实际状况，毛泽东认为，党的建设任务比红军时期更加艰巨和繁重了。为此，他提出了"建设一个全国范围的、广大群众性的、思想上政治上组织上完全巩固的布尔什维克化的中国共产党"的任务，并把这一艰巨任务，形容为一项"伟大的工程"。

在这篇文章中，毛泽东还明确提出统一战线、武装斗争、党的建设，是中国共产党领导人民战胜敌人的三个法宝，认为"正确地理解了这三个问题及其相互关系，就等于正确地领导了全部中国革命"。因此，这篇文章不仅是对党的建设的经验总结，而且是对建党18年来革命斗争经验的历史总结，是马克思主义与中国具体实际相结合而产生的又一篇重要文献。

六　延安整风谱新篇

正是为了统一全党的思想认识，给党的建设"新的伟大工程"打下坚实的基础，早在1938年9月底至11月初，中共中央就在延安召开了扩大的六届六中全会。毛泽东作《论新阶段》的政治报告，其中的第七部分"中国共产党在民族战争中的地位"，后来被收入《毛泽东选集》第二卷。

党的建设首先是思想建设，而思想建设取决于全党的理论水平。联系到抗战初期一些富有实践经验的同志之所以受王明教条式地搬用共产国际指示和俄国经验的右倾教条主义的迷惑，毛泽东深切地感受到，全党还普遍缺乏马克思主义理论功底和修养。这与党正在领导伟大的抗日战争的任务和即将开始的党的建设"伟大工程"，很不相称。

为此，在扩大的六届六中全会的报告中，毛泽东专门论述了学习问题的重要性，郑重地向党的高级干部提出了加强学习的任务，要求大家研究马克思主义，研究我们民族的历史，研究当前运动的情况和趋势。

为了使学习能够真正做到理论联系实际，毛泽东在六届六中全会上,第一次向全党提出了"马克思主义中国化"的任务,强调"使马克思主义在中国具体化,使之在其每一表现中带着必须有的中国的特性,即是说,按照中国的特点去应用它,成为全党亟待了解并亟须解决的问题"。他批评那种离开中国特点来谈论马克思主义的倾向,"是抽象空洞的马克思主义";提出"洋八股必须废止,空洞抽象的调头必须少唱,教条主义必须休息,而代之以新鲜活泼的、为中国老百姓所喜闻乐见的中国作风和中国气派"。

"马克思主义中国化"这一重要命题的提出,是我们党长期以来把马克思主义普遍原理与中国革命具体实际相结合的思想结晶。它既是对过去历史的经验总结,又是对当前和今后斗争实践的科学指导。此后,在全党特别是在高级领导干部中普遍开展了学习运动。许多领导干部在报刊上纷纷发表文章,不仅形成了一个学习马克思主义理论的热潮,而且形成了一个研究马克思主义理论的热潮。

《改造我们的学习》单行本　《为中共更加布尔塞维克化而斗争》书影

借此机会,王明也将他在1931年发表的《为中共更加布尔塞维克化而斗争》再版,并在再版序言中写道:"不能把昨日之是,一概看作今日之非;或把今日之非,一概断定不能作为昨日之是。"显然,他是在为自己过去的"左"倾错误做辩护。这一事件说明,要在全党范围内真正实现思想路线的转变,光靠加强学习还不够,还必须改造我们的学习。

1941年5月19日,毛泽东在中央宣传干部学习会上作题为《改造我们的学习》的报告,明确提出:要改造我们的学习,关键在于改变我们的思想方法,反对主观主义。在报告中,他尖锐地批评了党内理论脱离实际的倾向,指出:"这种反科学的反马克思列宁主义的主观主义的方法,是共产党的大敌","是党性不纯的一种表现"。他用"闭塞眼睛捉麻雀""瞎子摸鱼",来比喻缺乏调查研究的坏作风;用"是言必称希腊""自以为是,老子天下第一,'钦差大臣'满天飞",来形容教条主义者,可谓一语中的,切中要害。

《整顿党的作风》书影　　《反对党八股》书影

毛泽东之所以如此痛恨主观主义，是因为它对中国革命造成了严重的危害。他认为"这种作风，拿了律己，则害了自己；拿了教人，则害了别人；拿了指导革命，则害了革命"。因此，他极力倡导"用马克思列宁主义的理论和方法，对周围环境作系统的周密的调查和研究"；要求广大领导干部不但要懂得希腊、懂得外国革命史，还要懂得中国、懂得中国革命史；要把马列主义与中国革命实际结合起来，用马克思主义这根"矢"，去"射中国革命和东方革命这个'的'"。

《改造我们的学习》的一个重大贡献，就是从哲学的高度阐述了我们党的实事求是思想路线。它指出："'实事'就是客观存在着的一切事物，'是'就是客观事物的内部联系，即规律性，'求'就是我们去研究。"而要做到"实事求是"，就不能只凭死的书本，而要"凭客观存在的事实，详细地占有材料，在马克思列宁主义一般原理的指导下，从这些材料中引出正确的结论"。这种结论，才是科学的结论。

毛泽东的演讲虽然在广大干部中间引起了不小的思想震动，但当时负责理论宣传教育的领导同志并没有理解其深刻意义，因此既没有批准发表，也没有宣传报道。直到次年2月毛泽东又作了《整顿党的作风》和《反对党八股》的演说后，才于3月底首次在《解放》周刊一起公开发表。这三篇文章，尖锐批评了当时党内严重存在的主观主义、宗派主义和党八股倾向，成为延安整风运动的基本文献。

毛泽东作《整顿党的作风》的演讲，是在延安中央党校的开学典礼上。当时他因为长期在阴冷的窑洞里伏案写作，得了肩周炎，疼痛难忍，便请延安中央医院的金茂岳医生来诊治。

据金茂岳之子金德崇回忆：1942年初的一天，我父亲去杨家岭窑洞为毛主席诊病。他仔细查看了一下窑洞的布局后说："主席您看，您这张办公桌正对着防空洞口，从洞里吹出来的冷风，正吹着您的肩膀，您应该把这桌子挪一挪，避开那个洞口，或者在洞口挂个布帘儿，挡挡风。"主席听了，点点头，说："噢，原来是这么回事！看起来，防病治病，还是要以预防为主啊！"

这次诊病，给毛泽东留下了深刻印象。他在作《整顿党的作风》演讲时，专门引用了这件事。他说："所谓学风有些不正，就是说有主观主义的毛病，所谓党风有些不正，就是说有宗派主义的毛病，所谓文风有些不正，就是说有党八股的毛病。这些作风不正，并不像冬天刮的北风那样，满天都是。"不过它们是"一股逆风，一股歪风，是从防空洞里跑出来的"，"我们要把产生这种歪风的洞塞死。我们全党都要来做这个塞洞工作"。

怎样做好"塞洞"的工作？毛泽东提出的方法是开展延安整风运动，即"反对主观主义以整顿学风，反对宗派主义以整顿党风，反对党八股以整顿文风"。这样做的目的，就是要清理错误的思想路线和方法，在全党树立实事求是、一切从实际出发、理论联系实际的马克思主义作风。他强调："我们要完成打倒敌人的任务，必须完成这个整顿党的作风的任务。"

许多人都知道，抗战胜利前夕，毛泽东在延安与黄炎培谈用民主的方法跳出历史周期律的故事。但人们也许不知道，就在这次谈话中，毛泽东还向黄炎培介绍了中共各方面政策，并特别谈到了延安整风运动的意义。他说:"中共作风,到民国31年那年才转变。那是觉悟到过去的种种错误,错误在中了主观主义、宗派主义、党八股的毒。"有些人虽然"当了中共党员,没有看见中国,看见的只是书架上的马克思主义的书"。

党的思想路线的转变,是通过磨砺党员思想作风和加强个人道德修养来实现的。如何做一个合格的共产党员?关键在于加强党性修养,这是中国共产党着重从思想上建党的一个独特的、开创性的内容。

早在1937年5月,毛泽东就率先在党的全国代表会议上提出党的领导干部、党的领袖,应该"懂得马克思列宁主义,有政治远见,有工作能力,富于牺牲精神",成为忠心耿耿地为民族、为阶级而工作的"大公无私的民族的阶级的英雄"。同年9月,他又在《反对自由主义》一文中提出:"一个共产党员,应该是襟怀坦白,忠实,积极,以革命利益为第一生命",只有关心党、关心群众、关心他人比关心自己为重,才算得上是一个真正的共产党员。后来,在六届六中全会上,他又大力倡导"大公无私,积极努力,克己奉公,埋头苦干"的共产主义精神,并特别强调要加强党员的"马克思列宁主义的修养"。

毛泽东的这些论述,成为共产党员加强修养的理论开端,而其集大成者,当属刘少奇的《论共产党员的修养》一文。它从党的思想建设的角度与高度,对如何加强修养的问题做了系统阐述,标志着共产党员修养理论的创立。

1938年冬,刚刚参加完六届六中全会的新任中原局书记刘少奇赶赴中原,当到达河南省渑池县时,因武汉失守,被迫在这里停留了一个多月。利用这个空隙,刘少奇在中共豫西特委举办的党员训练班上,专门做了一个关于共产党员修养的报告。这次报告的提纲,至今仍然保存在中央档案馆。

1939年7月8日和12日,刘少奇在蓝家坪马列学院窑洞外的广场,分两次作关于共产党员加强自我修养的著名讲演。第一次主要讲的是"党员思想意识的修养";第二次主要讲的是"党员在党的组织和纪律方面的自我修养"。许多学员听得如痴如醉。

讲演结束后,刘少奇根据张闻天的意见,把讲稿修改成文,送给毛泽东审阅。毛泽东看完后写了一封信,说:这篇文章写得很好,提倡正气,反对邪气,应该尽快发表。于是,《解放》周刊以"论共产党员的修养"为题,首次公开发表,延安整风运动把它列为干部必读的22个文件之一。这篇文章后来收入《刘少奇选集》。

《论共产党员的修养》阐明了加强共产党员修养与积极投身群众革命实践相统一、加强理论学习与提高思想意识相统一的基本原则;阐明了共产党员必须无条件地服从党的利益、自觉克服各种错误思想意识、正确开展积极健康的党内思想斗争的基本要求。它根据马克思主义的建党学说,联系中国共产党建设的具体实际,提出了系统的共产党员修养的理论,丰富和深化了毛泽东建党学说,成为毛泽东建党思想中独具特色的组成部分。

继《论共产党员的修养》之后,许多中央领导人纷纷发表关于加强党员修养的文章。其中著名的如毛泽东的《纪念白求恩》《为人民服务》《愚公移山》,周恩来的《我的修养要则》，刘少奇的《做一个好党员，建设一个好党》，任弼时的《关于增强党性问题的报告大纲》等。这些文章，在延安整风运动中，对加强党的修养、整顿党的作风，发挥了重要的作用。

七 联合政府新主张

转眼到了1944年，这是世界反法西斯战争形势出现重大转折的一年。然而，就在世界各大战场凯歌频传的时候，中国的国民党正面战场却出现了抗战以来罕见的豫湘桂大溃败。

这场大溃败是抗战以来国民党当局在政治、经济、军事各方面腐朽无能的一次总暴露，让全中国人民在本来充满希望的1944年里深深地感受了国民党的腐败不堪，品尝了国民党数年来倒行逆施所造成的恶果，促使他们对抗战胜利后中国的前途作出新的思考和选择。

这年9月，在重庆举行的国民参政会上，中共代表林伯渠的发言引起了巨大的轰动。在发言中，他根据毛泽东的指示，明确提出了成立联合政府的主张，说出了广大人民要求结束国民党一党专政的渴望，指出了中国抗战建国的前途与希望。

一石激起千层浪。中共提出的建立联合政府的主张，立刻在全国掀起了巨大的波澜。昆明、成都、西安等地的报刊发表大量文章，许多群众团体举行集会，响应中共号召，强烈要求建立联合政府，实行真正的民主政治。

成立联合政府，是那个年代的最强音。

对此，毛泽东回忆说："这个口号好久没有想出来，可见找一个口号、一个形式之不易。这个口号是由于国民党在军事上的大溃退、欧洲一些国家建立联合政府、国民党说我们讲民主不着边际这三点而来的。这个口号一提出，重庆的同志如获至宝，人民如此广泛拥护，我是没有料到的。"

后来，在中共"七大"上，毛泽东专门以《论联合政府》为题，作主题报告，可见对此之重视。在报告中，他对比了抗战期间国共两党的种种表现后，明确指出了抗战胜利后中国可能面临的两种前途和两种命运：第一种是国民党继续奉行法西斯独裁统治，将中国拖回到痛苦重重的不独立、不自由、不民主、不统一、不富强的老状态里去。第二种前途就是废止国民党的法西斯独裁统治，实行民主改革，建立联合政府，将中国建设成为一个独立、自由、民主、统一和富强的新国家。他要求中国共产党人要竭尽全力地去反对第一种前途，争取第二种前途。

在报告里，毛泽东创造性地提出了建立联合政府的一般纲领和具体纲领。在一般纲领里，他主张建立一个在工人阶级领导之下的，联合一切民主阶级的统一战线的国家制度，实行新民主主义的政治、经济和文化；在具体纲领里，他提出要废止国民党的一党专政，解决农民土地问题，保障人民的言论、集会、结社的自由权利等。难能可贵的是，毛泽东还提出要为中国的工业化和农业近代化而斗争，把中国由一个农业国转变为一个工业国。

建立一个无产阶级领导下的联合一切民主阶级的国家，毛泽东的建国思想是独特的，却又是完全马克思主义的。因为，他既遵循着马克思主义的建国原则，又没有照搬苏联的无产阶级单一阶级执政的建国模式，而是从中国的实际出发，考虑了历史和现实，又照顾到方方面面，这是继《新民主主义论》之后马克思主义中国化的又一创举。

1945年4月23日，具有里程碑意义的中国共产党第七次全国代表大会在延安召开。"七大"把毛泽东思想作为党的指导思想写入党章，成为全党始终高举的伟大旗帜。刘少奇在关于修改党章的报告中指出："毛泽东思想，就是马克思列宁主义的理论与中国革命的实践之统一的思想，就是中国的共产主义，中国的马克思主义。"

中国共产党第七次全国代表大会

毛泽东思想是中国共产党集体智慧的结晶，是中国革命独创性经验的总结。它的成熟，实现了马克思主义与中国实际相结合的第一次历史性飞跃。

从"六大"到"七大"，中间经历了17年的时间。17年来，中国共产党走过了从"唯成分论"到"思想建党"的艰难历程，从一个当初依靠共产国际帮助才能够在异国他乡召开全国代表大会的弱小政党，发展为一个全国范围的、具有广泛群众性的、思想上政治上组织上完全巩固的布尔什维克化的伟大政党，成为中华民族解放事业和无产阶级革命事业的开路先锋。

这是一个伟大的工程！它走出了一条具有中国特色的革命道路，形成了一条具有中国特色的马克思主义的建党路线！

八　领导人民得解放

1945年8月15日，日本宣布无条件投降。至此，8年抗战胜利结束。8年来，中国共产党作为民族先锋，始终是团结抗战的中流砥柱，是取得抗战胜利的决定性力量。

毛泽东在重庆谈判时与赫尔利、蒋介石合影

抗战刚刚胜利，毛泽东就不顾个人安危，以"弥天之勇"亲赴重庆谈判。1945年10月8日下午，就在张治中为《双十协定》即将签字而举行盛大宴会的时候，在太行山麓的河南焦作附近，一架国民党运输机迷航，降落在中共控制区。在这架飞机上，人们发现了由蒋介石亲自发给阎锡山的《剿匪手本》，其中提出要痛加"剿灭"的所谓"奸党"和"匪徒"，竟然就是正在应蒋介石邀请而来重庆谈判的共产党和毛泽东。

国民党的内战政策，激起了包括国统区要求和平民主的广大人民的强烈愤慨，迫使蒋介石不得不同意于1946年1月召开政治协商会议。这次会议签订的五项协议，在一定程度上有利于冲破国民党独裁和实行民主政治，因此得到了中共的高度重视，全党上下准备认真履行这些协议。

然而，共产党的真诚换来的却是国民党的背信弃义。1946年6月，蒋介石撕毁和谈协定，全面进攻解放区，悍然挑起内战。中国共产党人只能奋起反抗，用手中的武器为中国人民寻找光明的前途。

为了应对国民党的全面进攻，打赢这场人民解放战争，中共一方面发动人民群众为巩固解放区而斗争，并将抗战以来的"减租减息"政策改为"耕者有其田"的政策，支持广大农民获得土地的正当要求，为自卫战争奠定了牢固的群众基础；另一方面，加强对国统区人民运动的领导，开辟反对国民党独裁统治的第二条战线，推动广泛的爱国民主运动，有力地配合了正面战场的对敌作战。

自全面内战爆发后，中国人民解放军在一年多的时间里，先后粉碎了国民党军的全面进攻和重点进攻，大量消灭其有生力量，逐步扭转了战场形势。

1947年6月30日，刘邓大军千里跃进大别山，开始外线作战，并迅速站稳了脚跟。10月10日，人民解放军总部发表宣言，响亮地提出了"打倒蒋介石，解放全中国"的口号。

这一时期，虽然战争形势紧张，毛泽东作为中国共产党的领袖，一方面担负着极其紧张繁重的军事指挥工作，另一方面依然高度重视党的建设，狠抓党的建设，根据解放战争中党建所面临的不同形势和不同问题，创造性地提出任务、确定原则、制定政策、督促落实，为党的建设作出了重大贡献。他根据战争的形势的变化、结合土改和接收全国政权的需要，在思想上着重纠偏防"左"，在组织上整党，在制度上健全党委制、建立请示报告制度、加强纪律性，并及时提出两个"务必"，使党的建设在解放战争期间不仅没有因为战争的影响而削弱，反而不断得到巩固和加强，为解放战争的迅速胜利和全国政权的顺利建立奠定了基础，也为后来乃至我们今天党的建设提供了许多有益的经验。

就在人民解放军迅速完成从战略防御到战略进攻的转变，人民解放战争即将胜利在望的时候，中共中央于1948年4月30日发布了《纪念"五一"劳动节口号》，提出"各民主党派、各人民团体、各社会贤达迅速召开政治协商会议，讨论并实现召集人民代表大会，成立民主联合政府"的倡议。

《纪念"五一"劳动节口号》一经提出，立即得到各民主党派、各人民团体的热烈响应。是年8月起，海内外著名的民主人士陆续从全国各地来到东北和华北解放区。

此时，人民解放战争已经进入夺取全国胜利的决定性阶段。中共中央当机立断，把握战机，从1948年9月至1949年1月，连续组织发动了辽沈、淮海、平津三大战役，共歼灭国民党军有生力量154万余人，取得了战略决战的胜利。

就在国民党大势已去之际，1949年1月22日，李济深、沈钧儒等55名民主人士联合发表声明，表示"愿在中国共产党的领导下",为推进革命,建设新中国而尽力。

1949年3月,中国共产党在西柏坡召开了一次具有里程碑意义的会议——七届二中全会。

七届二中全会规定了党在全国胜利后,在政治、经济、外交方面采取的基本政策,指明了新中国从农业国到工业国、从新民主主义社会到社会主义社会的发展方向。毛泽东在会上提出两个"务必"的重要思想,在中国革命即将取得最后胜利的时刻,指明了新中国成立后党的建设的新方向,不仅在当时,而且在今天也依然有着振聋发聩的警示作用。

1949年4月,中国人民解放军渡过长江,解放南京,统治中国长达22年之久的南京国民政府宣告灭亡。

历史不会忘记,中国人民正是在中国共产党的正确领导下,经过28年的浴血奋战,才最终翻身得解放,完成建国大业,结束了百年来的黑暗和屈辱。中华民族正以崭新的姿态屹立于世界民族之林,走向伟大复兴新征程!

第二章

星火燎原

一 枪杆子里面出政权

1923年2月7日,根据北洋军阀吴佩孚的命令,直系北洋军悍然镇压京汉铁路工人罢工。

武汉、郑州,军警密布街头。手执长枪大刀的武装士兵疯狂砍杀手无寸铁的工人。

对此,共产党工运领袖邓中夏伏案这样写道:在"持枪带炮的军队"血腥镇压下,工人当时死者40余人,伤者数百人,被捕入狱者40余人,被开除流亡在外者1000余人。

国民党工运领袖马超俊伏案大声呼号:"工人如丧考妣,重入深受压迫无可告诉之境,……'工会'二字,工人再不敢提及,实为全路工运之彻底摧毁时期。"

此前口口声声"保护劳工"的直系军阀吴佩孚悍然撕去伪装,血腥屠杀工人,直接原因是京汉铁路系其命脉,吴佩孚不允许工人罢工瘫痪这一命脉。更深层的原因则是,出于军阀的反动本质，吴佩孚担心工人组织起来后会威胁其统治地位。

"二七惨案"后，以中国共产党为代表的进步力量对其进行了严厉谴责与愤怒声讨，号召全国争自由的人民起来推翻其统治。他们呼吁："全国不自由的人民呀，你们应一律准备和争自由的先锋——工人阶级——一起来打倒惨杀工人的军阀吴佩孚曹锟呀！打倒一切压迫工人的军阀呀！"

然而，中国的大小军阀们对文字的批判是视若无睹的，毕竟，在这些手握枪杆子的武夫眼里，笔杆子的力量实在是不值一提。事实证明，无武装的工会和和平请愿式的工人运动，是无法实现清除军阀的斗争目标的，要推翻反动军阀的统治，必须寻找新的道路。

那么，应该到哪里去寻找新的革命道路呢？

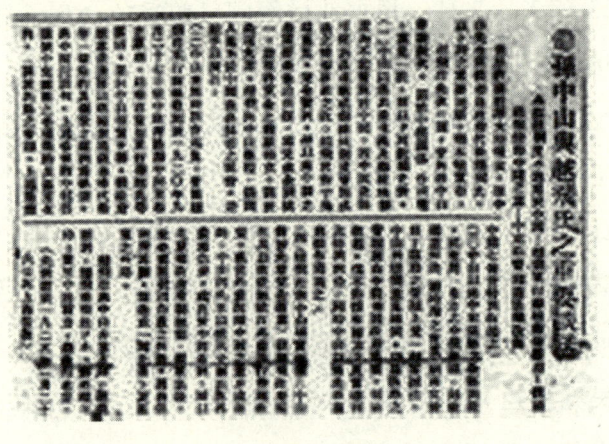

《孙文越飞宣言》

1923年1月，上海，孙中山与苏联代表越飞会晤，两人握手，亲密交谈。1月26日，他们发表了《孙文越飞宣言》，指出："中国最紧要之问题，乃在民国的统一之成功，与完全国家独立之获得。"

越飞　　　　　　　　孙文

很快,李大钊和孙中山密切接触,推心置腹地"讨论振兴国民党以振兴中国之问题"。

历史就是这样充满了戏剧性。当时,北方的吴佩孚,南方的陈炯明,被时人称为南北两秀才,威望极高,声誉极隆,很多人都把中国重新统一的希望,寄托在这两个人身上。孙中山期望依靠陈炯明北伐,统一中国;共产党和共产国际则一度对吴佩孚寄予厚望。但是,北方的吴佩孚屠杀工人,南方的陈炯明叛变革命。中国共产党和孙中山一起陷入了困境,双方面临着同一个问题——寻找新的救国道路。

在孙中山的坚持下,国民党"一大"通过了"联俄、联共、扶助农工"的三大政策。但是,合作伊始,双方就在共产党员是否可以跨党参加国民党等问题上产生了诸多分歧。不仅两党有分歧,国民党与共产党各自的内部也有分歧。然而,就在许多国民党人和共产党员为跨党问题争论不休时,一个当时还很不起眼的小人物,开始为实现其个人抱负,把目光盯向了军权。

黄埔军校是孙中山在苏联和中国共产党的帮助下,创立的培训革命军事人才的军事学校,学校完全按照苏联的军事模式进行管理和教学活动。

蒋介石

军校成立之初,实权便很快落在了年轻的蒋介石手中。他利用其职权对军校实行封建控制,并积极网罗军校学生为其个人效命,暗中培养自己的私人势力。后来他又亲自担任北伐军总司令,把持了国民党的军权。

1927年4月2日,蒋介石、李宗仁、白崇禧、何应钦、吴稚晖等人与特地从广西秘密赶来的李济深、黄绍竑等在东路军前敌指挥部召开秘密会议,决定"早日清党反共"。

10天后,上海发生了"四一二"反革命政变。

面对国民党的屠杀政策,中国共产党人仓促转入地下。

春天,正是武昌一年中极美的季节。在武昌黄鹤楼前,一位青年却无心欣赏眼前美景,他独自徘徊着,思索着,面对滚滚而逝的长江水，写下了《菩萨蛮·黄鹤楼》：

> 茫茫九派流中国，沉沉一线穿南北。烟雨莽苍苍，龟蛇锁大江。黄鹤知何去？剩有游人处。把酒酹滔滔，心潮逐浪高！

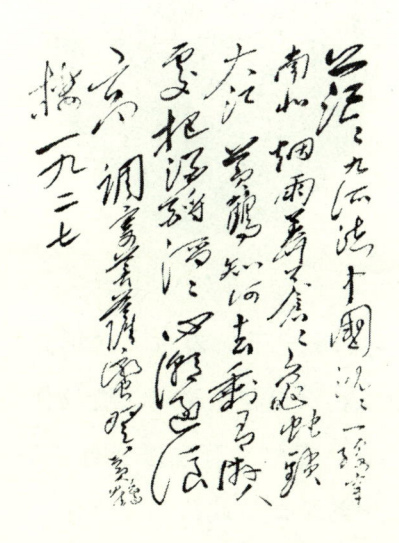

毛泽东《菩萨蛮·黄鹤楼》手迹

这位青年就是毛泽东。1957年，他对这首脍炙人口的诗词做了一个批注："一九二七年，大革命失败的前夕，心情苍凉，一时不知如何是好。"

7月，汪精卫控制下的武汉国民政府公开宣布"分共"，并叫嚣着"宁可错杀一千，不可放过一个"，新一轮的更大规模的屠杀开始了。面对空前的白色恐怖，只有懦夫才会一蹶不振，跪地乞饶。此时，中国共产党人顽强不屈的性格表露无遗，他们揩干净身上同志的血，拿起了武器，走上了武装反抗的道路。

汪精卫

8月7日,在党的历史上有着重大转折意义的中共中央紧急会议——八七会议在汉口秘密举行,会议作出了武装反抗的决定。不会打仗,甚至想也没有想过要打仗的中国共产党人,被迫拿起了武器。中国革命从此找到了出路。

出路找到了,方向却有不同。陈独秀力主到国民党部队中"当兵",待适当时机举行哗变;共产国际代表和瞿秋白主张攻打大城市;毛泽东则主张在党的领导下武装上山。怎么办?八七会议刚刚开完,分歧就摆到了中央临时政治局的面前,产生于互相敬重的革命战友之中。

此时已是中央临时政治局负责人的瞿秋白,对刚刚当选政治局候补委员的毛泽东素来赞赏有加。春天的时候他还为毛泽东的《湖南农民运动考察报告》作序,号召"中国的革命者个个都要读一读毛泽东的这本书"。他把毛泽东和彭湃并称为"农民运动的王"。在八七会议上,他对毛泽东关于"须知政权是由枪杆子中取得的"发言印象尤为深刻,引为知音。

瞿秋白　　　　　　　　八七会议旧址

八七会议之后，出于信任，瞿秋白建议毛泽东和他一起去上海的中央机关工作，做他的得力帮手。不想，毛泽东委婉地表示：我不愿意去住大城市的高楼大厦，愿意到农村去，上山结交绿林朋友。

从表面上看，两个好朋友讨论的仅仅是工作地点和去向的问题，实际上，这种分歧反映了对当时党内如何开展武装斗争以及到哪里去开展武装斗争的不同认识，这是一个涉及中国革命道路、前途和命运的大问题。

作为一个革命的理论家，瞿秋白对《共产党宣言》等经典名著中的每一句话甚至每一个标点符号，都十分熟悉。他深知马克思主义暴力革命的基本原则，就是组织城市工人武装暴动以夺取全国政权。俄国十月革命不仅印证了这一原则的正确，而且提供了一个可资效仿的先例。

在没有其他国家的经验可资借鉴的情况下，熟读马列经典的瞿秋白，决心以俄为师，在全国范围内发动城市武装起义。这在中国也是有先例可循的。北伐时，上海工人不是接连发动三次武装起义并且一度取得了胜利么？因此，八七会议之后，他那双充满书卷气的眼睛，很快盯住了上海的高楼大厦，他要把自己想象中的革命洪流，引向上海、广州、武汉、南昌这些国民党重兵盘踞的大工业城市。在他看来，只要大城市的工人起来暴动，全国的工农群众就会群起响应，那时，就像武昌起义一声枪响瓦解大清王朝一样，只需几个月时间，中国就将成为赤旗的世界。

然而自幼生活在农村，后来又奔忙于各大城市之间的毛泽东，有着在农村和城市的双重工作与生活经验，对国情和形势的发展，也有着独特的判断：在当时的中国，反动势力主要盘踞在城市并掌握着强大的武装；乡村，特别是偏远山区，才是其统治的薄弱环节。因此，早在大革命失败前夕，他就多次提出"上山"的思想，主张把革命的洪流引到农村去。

1927年6月中旬的武汉，毛泽东在一家旅社里接见了"马日事变"后逃出湖南的工农干部。他劝大家早日返回家乡，山区的人上山，滨湖的人上船，拿起枪杆子进行斗争，武装保卫革命。随即，他主持制订《中共湖南省委目前工作计划》，第一次明确提出了"上山学匪"的主张。

这年7月4日，毛泽东在中央常委扩大会议上，再次提出要"上山"，认为"上山可造成军事势力的基础"。

分歧很快从私底下摆到了桌面上。

8月9日，临时中央政治局召开第一次会议，讨论秋收暴动等问题，毛泽东毫不隐讳地提出：湖南省委要组织一师的武装去广东是错误的，大家不应只看到一个广东，湖南也是很重要的。湖南民众组织比广东还要广大，所缺的是武装。要在湘南形成一师的武装，纵然失败也不用去广东而应上山。

然而，除了蔡和森表示赞同外，到会的多数领导人，包括湖南省委负责人，以及那些带过兵的军事干部，都认为"上山学匪"的主张太过荒唐。会议虽然同意派毛泽东以中央特派员的身份回湖南领导秋收起义，但把起义的目标设定在攻打长沙。

大革命失败后的中国共产党人，注定要走在艰难的"寻路"途中。是去大城市组织武装暴动，还是到乡村去开展土地革命？这样两个截然不同的发展方向，只有实践能够给予回答。

二　霹雳一声暴动

毛泽东的实践开始了。继南昌起义之后，1927年9月9日，在他的领导下，震动全国的湘赣边界秋收起义爆发了。毛泽东曾兴奋地以《西江月·秋收起义》记之：

> 军叫工农革命，旗号镰刀斧头。匡庐一带不停留，要向潇湘直进。地主重重压迫，农民个个同仇。秋收时节暮云愁，霹雳一声暴动。

但当时全国革命形势已转向低潮，反动军事力量远大过革命力量，起义一开始就进行得很不顺利，遭到敌人的猛烈反击，损失惨重。原来5000多人的队伍，10天之后，锐减到1500余人。起义严重受挫，先前决定攻打长沙的计划，显然是行不通了。

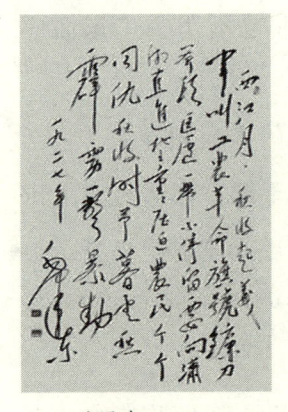

毛泽东《西江月·秋收起义》手迹

《秋收起义》油画

9月19日，几路起义部队会师浏阳文家市。前敌委员会书记毛泽东在里仁学校主持召开前委会议，讨论工农革命军的去向问题。在毛泽东的坚决主张下，会议否决了"取浏阳直攻长沙"的意见，"议决退往湘南"。从进攻大城市转到向农村进军，中国革命开始从一个崭新的起点重新出发。

就在前敌委员会作出这个决定的同一天，由共产国际代表罗米纳兹主持的中央政治局会议，对毛泽东的"上山"主张进行了集中批评。在中央档案馆里至今还保存着这样一份会议记录：

  D.（即罗米纳兹）：湖南失败是临阵脱逃，此点中央应负相当责任，鄂南农民必须设法夺得城市才有办法。

  秋（即瞿秋白）：现在不是完全没有办法，在平浏崇通之间我们显然有一部分力量，因此力量或可有进攻长沙的可能，故不宜只做Partisamts（即游击队）的工作。

显然，此时毛泽东领导的秋收起义部队已经被贴上了"游击队"的标签，他们后来形成的一整套战略战术也被称之为"游击战"，认定不可能有大作为。

被扣上"临阵脱逃"大帽子的毛泽东并不这样认为。前敌委员会结束后的第二天清晨，他在里仁学校操场向部队全体人员讲话说："现代中国革命没有枪杆子不行，有枪杆子才能打倒反动派。这次武装起义受了挫折，算不了什么！胜败乃兵家常事。我们当前力量还小，还不能去攻打敌人重兵把守的大城市，应当先到敌人统治薄弱的农村，去保存力量，发动农民革命。我们现在好比一块小石头，蒋介石反动派好比一口大水缸，但总有一天，我们这块小石头，一定要打烂蒋介石那口大水缸。"

离开里仁学校以后，起义部队向远方开去，行走在湘赣边界的崇山峻岭之间。

就在这个月月底，中共中央陆续迁往上海。尽管前进的方向各不相同，但瞿秋白并没有忘记挚友毛泽东。他提议由罗亦农、毛泽东等五人组成长江局，并说："泽东能来，必须加入，我党有独立意见的要算泽东。"

9月下旬，艰难跋涉的毛泽东带领秋收起义部队辗转来到江西莲花。这时，江西省团部文书宋任穷带来了江西省委书记汪泽楷的密信。毛泽东在得知"宁冈有我们党的武装，有几十支枪"后，决定向宁冈进发，引兵井冈。井冈山从此进入了毛泽东的视野。他下决心到那里去落脚安家，做一个"革命的山大王"。

10月3日，部队到达宁冈古城。当晚，毛泽东在这里再次召开前委会议，他扳着手指头，把准备在罗霄山脉中段"安家"的想法一五一十告诉大家：这里有一定的群众基础，前两年爆发过大规模的农民运动，成立了农民自卫军，控制宁冈达一年之久；这里有一定的军事力量，"马日事变"之后，袁文才、王佐两支队伍各保存了60支枪，宁冈的党组织也依然在坚持斗争；这里有自给自足的农业经济，物资丰富，可供军需；这里山势雄伟，易于藏兵，又远离大城市，是反动势力薄弱的地方。

毛泽东的想法得到了大多数人的赞同，会议初步确定就在井冈山"安家"。这是一个关乎中国革命前途和命运重大的决策。后来的实践进一步证明，毛泽东为中国革命选择了一条正确道路。这条路的起点就是井冈山。

为什么要作出这样的选择？毛泽东后来解释说："革命要有根据地，好像人要有屁股。人假若没有屁股，便不能坐下来。要是老走着，老站着，定然不会持久。腿走酸了，站软了，就会倒下去。革命有了根据地，才能够有地方休整，恢复气力，补充力量，再继续战斗，扩大发展，走向最后胜利。"

三　红旗到底能打多久

也许连毛泽东本人都没有想到，上山后的前几个月，除了和当地民团打了几次仗，湘赣两省的正规军竟然没有派一兵一卒来犯。刚刚经历大革命失败和暴动挫折的共产党人，终于在遍地白色恐怖中找到了一个休养生息的立足点。

喘息稍定，毛泽东就于1927年10月中旬派何长工下山向中共湖南省委和湘南特委汇报秋收起义部队情况，打听南昌起义部队的下落。当他从报纸上看到南昌起义部队在广东潮汕地区失败的消息后，便放弃了准备退往湘南的想法，坚定了在罗霄山脉中段建立革命根据地的主张。

经过历时4个月的斗争，到1928年2月底，毛泽东率工农革命军在罗霄山脉中段开展游击战争，很快在宁冈、永新、茶陵、遂川建立了县一级党组织，在宁冈、遂川、茶陵建立了县工农兵政府，发展了地方武装，开始了土地革命。这标志着中国第一个农村革命根据地——以宁冈为中心的井冈山革命根据地已初具规模，湘赣边界的工农武装割据局面业已形成。

毛泽东率领农工红军进入井冈山

都说胜利者是不受责难的，然而真理在没有辨明的时候，往往是"掌握"在"权威"手中。得知毛泽东拒不执行攻打大城市的计划，并在"上山"的路上越走越远，11月10日，中央临时政治局扩大会议通过《政治纪律决议案》，作出决定：

毛泽东同志为"八七"紧急会议后中央派赴湖南改组省委执行中央秋暴政策的特派员，事实上为湖南省委的中心，湖南省委所作的错误毛同志应负严重的责任，应予开除中央临时政治局候补委员。

所幸的是，这个决定直到次年3月才传到井冈山；不幸的是，这个决定被湘南特委代表周鲁误传为"开除党籍"。

这次会议还作出了一系列错误的判断，认为现在中国革命的形势是"不断高涨"，中国革命的性质是"不断革命"，命令各地执行毫无胜利希望的武装暴动"总策略"，从而在中央领导机关形成了第一次"左"倾盲动主义。

错误的指导将革命引上了错误的道路，错误的道路导致了惨重的损失。1927年12月，广州起义爆发。瞿秋白在为中央草拟给各地党组织的指示信中欢欣鼓舞："广州暴动是全国工农暴动夺取政权的一个信号。"

然而广州起义很快遭到失败，敌人疯狂屠杀共产党员和革命群众。本来叶挺曾提议部队主动撤离广州，但没有被采纳，结果只有1000多人突围并保存下来。

广州起义场景

广州起义和南昌起义一样，都是大城市暴动，秋收起义一开始也是强攻长沙。南昌起义部队之所以南下广东，原本是以为那里有大革命时期打下的群众基础，一旦站稳脚跟，便可再行北伐。然而主力部队在南下途中很快就失败了，许多领导人只好坐上一叶扁舟逃往香港。广州起义部队则干脆坚守广州和优势敌人死打硬拼，最后损失惨重。几次大规模武装起义的失败证明，在中国搞武装斗争和暴力革命，走"城市中心道路"根本行不通。

思路决定出路。

城市暴动走不通，农村的斗争却在此时开展得如火如荼。至1928年1月，在广东，广州起义余部进入海陆丰地区，巩固了这里的农村根据地；在湘南，朱德、陈毅率南昌起义余部辗转来到这里，举行年关起义，扩大了革命武装；在江西，方志敏等发动武装起义，逐步创建了赣东北革命根据地；在洪湖、湘鄂边，贺龙等正在发动群众，开展武装斗争。

各地暴动武装在进攻大城市失败后，余部纷纷退入农村，都奇迹般地利用各省军阀割据、国民党军事力量主要集中在大城市、当地统治力量相对薄弱的时机，在偏远山乡创建了农村革命根据地。这一点，不但国民党没有想到，就连共产党也没有想到。

出现这种情况绝不是偶然的。根本原因在于中国和俄国有着不同国情。俄国的城市暴动之所以能够成功，一是因为第一次世界大战削弱了沙皇的统治力量；二是因为大工业发达，城市无产阶级力量雄厚。中国则不同，反动力量主要集中在大城市，非常强大；产业工人人数少、力量分散。作为一个农业大国，农民占中国人口的绝大多数，反动力量对农村的统治也相对薄弱。加上新老军阀混战，造成反革命统治的链条在这里出现不少缝隙。因此，中国革命可以到农村去寻找出路。

到1928年初，很多地区的党组织根据实际情况，停止了对不符合国情的"左"倾盲动路线的执行。这年2月，共产国际通过关于中国问题的决议案，也批评了这次"左"倾错误。4月30日，中共中央政治局讨论并接受了这一决议案，标志着第一次"左"倾盲动主义在实际工作中基本结束。

同在4月，朱德和陈毅率领南昌起义余部和湘南起义农军到达井冈山。朱毛两军会师，成立中国工农革命军第四军，大大增强了井冈山革命根据地的军事力量。根据毛泽东的意见，很快确定了"以罗霄山脉中段为根据地，发动群众斗争，实行土地革命，向北发展，向南游击"的方针。从此，井冈山革命根据地进入了一个新的发展阶段，开始成为中国革命的一面旗帜。

朱毛会师，震动数省，使正在为城市武装暴动失败而苦恼的中共中央领导人和远在莫斯科的共产国际领导人"精神为之一振"。江西省委也欢欣鼓舞，向中央写信报告了朱毛会师的情况，并建议"暂时将湘赣边特委建立，以毛泽东为书记"。

根据江西省委的指示，5月20日，湘赣边界各县党的第一次代表大会召开了。毛泽东在会上总结了井冈山根据地创建半年来的经验教训，提出深入土地革命，加强革命根据地政权建设、军队建设和党组织建设的任务，初步阐述了中国的红色政权为什么能够存在的原因，有针对性地回答了"红旗到底打得多久"的疑问。

8年后，毛泽东在延安写作《中国革命战争的战略问题》时，回忆了这次会议召开的情况。他说："当着一九二七年冬天至一九二八年春天，中国游击战争发生不久，湖南江西两省边界区域——井冈山的同志中，有些同志提出'红旗到底打得多久'这个疑问的时候，我们就把它指出来了（湘赣边界党的第一次代表大会）。因为这是一个最基本的问题，不答复中国革命根据地和中国红军能否存在和发展的问题，我们就不能前进一步。一九二八年中国共产党第六次全国代表大会，就把这个问题又作了一次答复。中国革命运动，从此就有了正确的理论基础。"

这次会议持续三天，选举产生了以毛泽东为书记的中共湘赣边界第一届特委，统一领导中国工农革命军第四军军委和边界各县党的组织。此后，边界各县掀起了轰轰烈烈的打土豪分田地运动，根据地进入了全盛时期。

在罗霄山脉中段形成的武装割据局面，此时终于得到了上海中央的肯定。他们在收到毛泽东5月2日来信后，于6月4日复信指出："数月来，你们转战数千里与反动势力奋斗，中央对于你们在这种刻苦的劳顿的生活中而能努力不懈的工作甚为欣慰。"

"六月来信"不仅批准了毛泽东关于建立罗霄山脉中段政权的计划，而且给根据地提出了新的任务。"六月来信"指出："从广州暴动中我们更得到了许多重要的教训"，"认识了在全省总暴动之先，必须要有几个重要的中心区域的割据而向全省的中心区域作包围的发展，如此全省总暴动才有胜利的可能"，"你们的任务就是在湘赣或赣粤边界，以你们的军事实力发动广大的工农群众，实行土地革命，造成割据的局面，向四周发展而推进湘鄂赣粤四省暴动局面的发展"。

"六月来信"是中共中央自八七会议以后，首次对毛泽东率领秋收起义部队"上山"行动表示嘉许。虽然此信迟至当年11月才辗转到达井冈山，而且里面已经明显地流露出要在一省数省举行武装暴动的新苗头，但对于毛泽东在井冈山开创的工农武装割据局面，毕竟是给予了公开承认。这是一份迟到的赞许。

与此同时，中共湖南省委也于6月19日来信指出，"以罗霄山脉为根据地的计划，省委完全同意"，你们应该"积极的发展罗霄山脉周围各县的暴动，造成以工农为主力的割据局面"。

然而仅仅一周之后，湖南省委就有了新想法，写信并派代表杜修经、杨开明双双来到边界，要求红四军离开大本营，"立即向湘南发展"。他们的理由是：中央已经把湘、鄂、赣、粤四省列为全国革命的中心，湖南是四省的中心，而湘南又是湖南的中心，只有发展湘南，带动湖南，才能促进全国规模的总爆发。

湖南省委的错误决定，迎合了部分湘南籍红军官兵的强烈思乡情绪，结果导致红军主力远征湘南。失去根据地依托的红军，很快遭到沉重打击，损失了近一个团的兵力。更为严重的是，8月上旬，由于井冈山地区兵力空虚，赣敌乘虚而入，占领了根据地的县城和平原地带，边界党和政府组织大部分被破坏，大批干部和群众惨遭杀害。这就是井冈山斗争史上惨烈的"八月失败"。

"八月失败"以血淋淋的事实再次告诉革命者，离开根据地的依托去攻打敌人重兵设防的大城市是一条死路。"八月失败"以后，敌人的疯狂屠杀、队伍内部的动摇彷徨、客观存在的种种困难等，都困扰着在湘赣边界坚持斗争的人们。根据地的斗争还能不能坚持下去？井冈山的道路还走不走得通？许多人都提出了这样的疑问，一部分人陷入了彷徨之中，个别人甚至叛变了革命。

所有这些问题，都给根据地的创始人毛泽东带来了巨大而无形的压力。他深知：要坚定胜利的信心，再创根据地的辉煌，就必须统一边界军民和全党上下的认识与思想。

《中国的红色政权为什么能够存在？》书影

1928年10月4日至6日，湘赣边界党的第二次代表大会在这里召开。会议讨论通过了毛泽东执笔起草的《中国共产党湘赣边界第二次代表大会决议案》（这个决议案的一部分以《中国的红色政权为什么能够存在?》为题，收入《毛泽东选集》第一卷）。决议案针对"八月失败"后部分官兵看不到革命前途，悲观动摇、逃避斗争思想情绪，着重阐明了红色政权为什么能够存在的问题，进一步回答了"红旗到底打得多久"的疑问。

毛泽东旗帜鲜明地提出："一国之内，在四围白色政权的包围中，有一小块或若干小块红色政权的区域长期地存在，这是世界各国从来没有的事。"这种奇事之所以能够在中国发生，根本的原因在于中国是一个半殖民地半封建社会，帝国主义在中国划分势力范围的政策，以及中国各地政治经济发展的不平衡，导致了新旧军阀之间的长期战争，造成反革命统治的缝隙和反革命力量的不平衡，这就使得一小块或若干小块共产党领导的红色区域，能够发生和坚持下来。

在详细分析大革命的影响、全国规模形势的发展、党组织的有力量和它的政策不错误等中国红色政权得以存在的诸多原因时，毛泽东特别强调了"武装割据"的重要性。他指出："相当力量的正式红军的存在，是红色政权存在的必要条件。"没有相当力量的正式武装，"便决然不能造成割据局面，更不能造成长期的和日益发展的割据局面"。

武装割据的最终目的，是为了夺取全国政权。毛泽东乐观地指出："这些红色区域将继续发展，日渐接近于全国政权的取得。"

"日渐接近于全国政权的取得"，这就是毛泽东为中国革命取得胜利所设定的路线图。至此，农村包围城市、武装夺取政权的中国革命道路已呼之欲出。这是毛泽东在马克思主义中国化道路上迈出的关键性的一步。

一个月后,湘赣边特委在同一个地方召开扩大会议,讨论刚刚收到的中央"六月来信"。中央来信赞成罗霄山脉中段武装割据的局面,给毛泽东吃了一颗定心丸,也促使他下决心进一步向党中央全面阐述井冈山工农武装割据的经验。

1928年11月25日,毛泽东以红四军前委书记的名义给中央写了一份报告。当时,从井冈山到党中央所在地上海,交通极其不便,一路上敌特密布,土匪遍地,稍有失误,报告就可能遗失甚至落入敌人手中。为了确保报告能送到中央,当时一共抄写了三份。一份由湖南省委转中央,一份由湖南省委转江西省委再转中央,第三份由吉安县委交江西省委转中央。

这是一份什么样的报告?红四军前委为何如此看重?

这份报告,就是收入《毛泽东选集》之后广为人知的《井冈山的斗争》一文。报告在综合湘赣边界党的第一、第二次代表大会认识成果的基础上,进一步阐述了"工农武装割据"的思想,指出中国的红色政权之所以能够存在,根本的原因在于有买办豪绅阶级间的不断的分裂和战争。具体的条件则包括:(1)有很好的群众;(2)有很好的党;(3)有相当力量的红军;(4)有便利于作战的地势;(5)有足够给养的经济力。

在报告的最后,毛泽东充满自信地表示,只要"边界红旗子始终不倒,不但表示了共产党的力量,而且表示了统治阶级的破产,在全国政治上有重大的意义。所以我们始终认为罗霄山脉中段政权的创造和扩大,是十分必要和十分正确的"。

《井冈山的斗争》书影

　　《井冈山的斗争》与《中国的红色政权为什么能够存在?》的写作时间前后仅差50天,它们讲述的是同一件事情:工农武装割据的道路问题。不同的是,前者主要是为了解决根据地干部战士的悲观情绪和认识问题;而后者则是为了向中央全面反映井冈山斗争的情况,力争取得中央的理解和支持。它们堪称姊妹篇,共同论述了中国红色政权为什么能够存在的原因和条件,指明了局部区域武装割据的发展前途,形成了"工农武装割据"的理论。这一理论,是中国共产党人继八七会议解决了要不要进行武装斗争问题之后,对如何进行武装斗争问题所进行的理论创新,是具有中国特色革命道路理论形成发展的一个阶段性标志。

　　毛泽东的这份报告,最终由湖南省委代表袁德生从井冈山经安源赴上海,递交给中共中央。中共"六大"后担任政治局常委的周恩来对井冈山开创的"工农武装割据"局面高度重视。1929年3月17日,他在给贺龙等人的指示信中,详细介绍了毛泽东、朱德的经验，明确指出"目前所应注意者，还不是占领什么大城市，而是在乡村发动群众，深入土地革命，扩大游击区域"。

在探索中国革命道路的重大问题上，周恩来旗帜鲜明地和毛泽东、朱德站到了一起。

四 星星之火可以燎原

1928年12月，彭德怀等率领的红五军也来到了井冈山，进一步加强了井冈山的武装斗争力量。但随着红军力量的壮大，井冈山根据地的不足也暴露无遗。这里人口不足两千，产谷不足万担，国民党军队的反复"进剿"和经济封锁，给当地军民生活造成极大困难。井冈山虽易守难攻，但夹于湘江和赣江之间，地势狭长，军事上缺乏足够的回旋余地。1929年初，为了打破敌人新一轮的"会剿"，红四军前委经慎重研究决定，主力离开井冈山实行外线作战，"围魏救赵"。

转到外线后的红四军，遭到了敌人轮番穷追。失去根据地依托的红军耳目闭塞，连战不利。屡败之余，乃死中求生，于1929年2月10日，农历大年初一，在大柏地设伏，与尾追之敌刘士毅部展开了一场极其惨烈的血战。红军在占尽天时、地利、人和之际，仍与追敌鏖战近一个昼夜。战斗中，毛泽东、朱德身先士卒，与战士一起冲锋陷阵。后来，陈毅曾在给中央的报告中对这次战斗做了如下动情的描述：

> 是役我军以屡败之余作最后一掷，击破强敌，官兵在弹尽援绝之时，用树枝石块空枪与敌在血泊中挣扎始获得胜利，为红军成立以来最有荣誉之战争。

大柏地战场遗址(一)　　　　大柏地战斗旧址(二)

对于此战之艰险,毛泽东深有体会。1933年春天,已失去军中职务的毛泽东路过此地,回忆起四年前发生在这里的战斗,挥笔赋诗,写下了脍炙人口的《菩萨蛮·大柏地》:

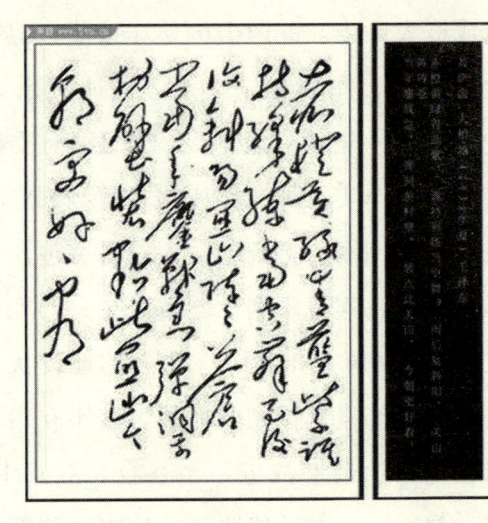

毛泽东《菩萨蛮·大柏地》手迹

赤橙黄绿青蓝紫,谁持彩练当空舞?雨后复斜阳,关山阵阵苍。当年鏖战急,弹洞前村壁。装点此关山,今朝更好看。

大柏地之战后，红军初步摆脱了尾追局面，有了喘息之机。这时，井冈山根据地在敌人的围攻下，业已失守。为避免在不利条件下与强敌作战，红四军前委决定"到闽粤交界处游击"，即向闽西进军。红四军将士开始在苍茫赣水、碧绿闽山之间艰苦转战。

在国民党军的序列里，刘士毅部其实只是一支杂牌军，然而，就是这样一支杂牌部队，把红四军主力差点逼进了绝地。国民党军的强大与凶恶，由此可窥一斑。弱小的红军能战胜强大的敌人么？很多从枪林弹雨里冲杀出来的一线指战员，都对此产生了疑虑。

恰在此时，前委收到了由福建省委转来的中央2月7日给毛泽东、朱德的指示信。"二月来信"在继续强调城市工作重要性的同时，对在农村的红军前途做了较为悲观的估计，要求红四军分成数十人至数百人的小分队，"散入湘赣边境各乡村中进行和深入土地革命"，以"避免敌人目标的集中和便于给养与持久"。来信甚至认为毛泽东、朱德待在红四军已经没有太大的意义，要求他们前来中央工作。

毛泽东认为"中央二月来信的精神是不好的"，对信中的悲观论调不以为然。他在4月5日复信指出："中央此信对客观形势及主观力量的估量都太悲观了"，"我们感觉党在从前犯了盲动主义极大的错误，现时却在一些地方颇有取消主义的倾向了"。

"二月来信"的悲观论调与此前红军中累积的消极情绪不谋而合，所造成的负面影响是深远的。5月18日晚，在瑞金召开的红四军前委扩大会议上，林彪等人对时局和革命前途发表悲观言论，不赞成在游击区域实行建立巩固根据地的主张，首次遭到毛泽东的批评。

这年年底，林彪在给毛泽东的《新年贺信》中，再次表示不愿意做建设红色政权的艰苦工作，主张采取"比较轻便的流动游击方式去扩大政治影响"。

正是为了批评当时红四军中存在的悲观思想，毛泽东把这封信拟题为《时局估量与红军行动问题》，用党内通信的形式发给部队干部，这就是后来收入《毛泽东选集》的《星星之火，可以燎原》一文。

针对这种消极情绪，毛泽东直言不讳地批评他说：你对于时局的估量是比较悲观的。你只赞成在闽粤赣交界三区域的游击，却没有在游击区域建立红色政权的深刻观念，更没有用这种红色政权的巩固和扩大去促进全国革命高潮的深刻观念。

在信中，毛泽东明确指出，这种思想的错误根源在于，没有把中国是一个许多帝国主义国家互相争夺的半殖民地这件事认清楚。只有认清了这个事实，才会明白红色区域和红色政权为什么能够存在和发展；也才会明白中国农民问题的重要性，进而能够明白红军、游击队和红色区域的建立和发展，是当前农民斗争的最高形式和农民斗争发展的必然结果，是促进全国革命高潮的最重要因素。

毛泽东如此强调红色区域和农民斗争，实际上就是坚持"以农村为中心"，反对"城市中心论"。他认为，中国革命目前还只是积蓄力量的阶段，全国总暴动的条件还没成熟。而积蓄力量的主要办法，就是依靠农村斗争的发展、小区域红色政权的建立、红军的创造和扩大,这是促进革命潮流高涨的主要条件。待到这些小区域的红色政权,像"星星之火",燃遍全国,中国革命的高潮就会呼之欲出。

毛泽东给林彪的这封信,在《中国的红色政权为什么能够存在?》和《井冈山的斗争》两篇文章的基础上,进一步阐述了依靠武装斗争在农村地区建立和发展红色政权,形成"工农武装割据"局面,待条件成熟时再夺取全国政权的思想,标志着毛泽东农村包围城市、武装夺取城市理论的基本形成。

大革命失败后,关于中国革命道路的探索,以毛泽东为代表的中国共产党人经历了两个阶段。第一个阶段是革命力量向哪里去的问题,即要解决是否"上山"的问题;第二个阶段是"上山"以后干什么的问题,即要开展武装斗争、进行土地革命,建立工农割据的红色政权。前一个问题,毛泽东是在正确认识农民问题和农民革命运动重要性的基础上,作出正确论断和处置的;第二个问题,是在正确认识中国国情,把握敌我力量对比和敌人力量在农村和城市分布态势的基础上,作出科学分析和判断的。毛泽东关于这两个问题判断的科学性、实践给予了肯定的回答。

五 没有调查没有发言权

实践出真知。

但对于有些同志却不是这样。1929年5月,中共中央派遣刚从苏联回国的刘安恭来到宁都,参加红四军工作。刘安恭"下车伊始,就哇喇哇喇地发议论,提意见,这也批评,那也指责"，很是坚决地贯彻着"二月来信"精神，到处散布红军的取消主义。毛泽东对此则深不以为然，认为他是从苏联带来"一种形式主义的理论"，思想路线完全是脱离中国实际的照搬主义。

刘安恭"钦差大臣"的到来，给毛泽东深深的刺激。他更加痛切地体会到要"使党员注意社会经济的调查和研究，由此来决定斗争的策略和工作的方法，使同志们知道离了实际调查，便要堕入空想和盲动的深坑"。党的思想路线已到了亟待理清的时候了。

照搬马列经典以指导中国革命实际的思想路线不仅存在于刘安恭这样的"钦差大人"身上，在中共党内这样的人物也还不少。1930年4月2日，中央政治局常委兼宣传部长李立三在中央机关刊物《布尔塞维克》上，发表《怎样准备夺取一省与几省政权的胜利的条件》的文章，不点名地批评毛泽东"想'以乡村来包围城市'、'单凭红军来夺取中心城市'都只是一种幻想，一种绝对错误的观念"。此后不久，他在中央政治局会议上，进一步强调要举行中心城市暴动。这一次批评已变为点名式的，他公开指责毛泽东是妨碍"猛烈扩大红军"的代表人物，并认为毛泽东"有整个的路线，他的路线完全与中央不同"。

6月11日，中央政治局会议通过了李立三起草的《新的革命高潮与一省或几省的首先胜利》的决议，要求各路红军"会师武汉，饮马长江"。这个"策略总路线"的推行，标志着以李立三为代表的新的"左"倾冒险主义错误在党中央占据了主导地位。

李立三

李立三《新的革命高潮与一省或几省的首先胜利》

正是在"左"倾盲动主义酝酿并形成高潮的时候,毛泽东1930年5月写下了《调查工作》一文,针对党内不少"刘安恭"式的干部,他直言不讳地指出:"许多巡视员,许多游击队的领导者,许多新接任的工作干部,喜欢一到就宣布政见,看到一点表面,一个枝节,就指手画脚地说这也不对,那也错误。这种纯主观地'瞎说一顿',实在是最可恶没有的。"不仅如此,他还把斗争的矛头直接指向党内"左"倾错误的决策者,指出"只有蠢人,才是他一个人,或者邀集一堆人,不作调查,而只是冥思苦索地'想办法','打主意'",这种离开实际调查的做法,必然会产生唯心的阶级估量和工作指导,其结果"不是机会主义,便是盲动主义"。

针对当时党内和红军中普遍存在的从"本本"出发的教条主义思想,毛泽东强调"我们需要'本本',但是一定要纠正脱离实际情况的本本主义",提出"从斗争中创造新局面的思想路线",阐明了"中国革命斗争的胜利要靠中国同志了解中国情况"的道理，要求共产党人"必须努力作实际调查，才能洗刷唯心精神"；他提出了一个著名的论断："没有调查，没有发言权"。

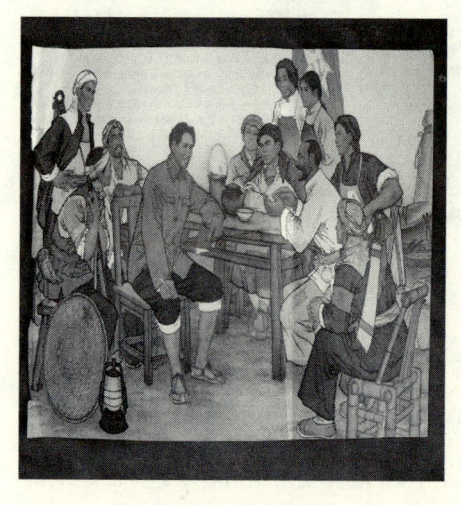

毛泽东在调查研究图　　　　《反对本本主义》书影

《调查工作》一文收入《毛泽东著作选读》时，更名为《反对本本主义》。毛泽东曾说这篇文章"是经过一番大斗争以后写出来的"，"是为了解决民主革命的问题而写的"。所谓"大斗争"，就是指与"左"倾教条主义的斗争；所谓"民主革命的问题"，就是独立自主地探索中国革命的道路问题。毛泽东还说："我对自己的文章有些也并不喜欢，这一篇我是喜欢的。"他之所以喜欢，是因为这篇文章提出了通过调查研究来实现马克思主义与中国具体实际相结合的途径，破了马克思主义中国化这个大题目，对农村包围城市、武装夺取政权的中国革命道路提供了方法论的支撑，是毛泽东思想初步形成的标志。

六　通向胜利之路

错误的指导思想，带来的是惨痛的教训。李立三"左"倾冒险主义的推行，导致各地红军和根据地都遭到不同程度的损失。1930年9月，中共六届三中全会在上海召开。会议根据共产国际的指示，决定停止组织全国总暴动和集中全国红军进攻中心城市的行动，结束了"立三路线"在中央的统治。

"立三路线"的统治结束了，但思想路线如不彻底纠正，更大的错误还在后面。在共产国际代表米夫主持下，在1931年召开的六届四中全会上，王明等人掌握了中央领导权，代之以"左倾气焰更盛、形态更完备、更有理论和左得更坚决"的"左"倾教条主义，并统治中央长达4年之久。

王明教条主义上台伊始，就开始把批判的矛头指向以毛泽东为代表的中央苏区正确路线。1931年11月初，在中央代表团的主持下，中央苏区召开党的第一次代表大会，对根据地、军事、土地革命路线等问题提出尖锐的批评，把毛泽东反对本本主义的正确主张，指责为"狭隘的经验论"；把"抽多补少、抽肥补瘦"原则，指责为"富农路线"；把红一方面军反"围剿"的战略战术，指责为"游击主义"。会议强调要集中火力反右倾，并开始排挤毛泽东在中央苏区对红军的领导。

后来的历史发展足以证明王明"左"倾教条主义的荒谬和失败。先是中央机关不能在上海立足，不得不陆续转移到中央苏区。本来，中央机关转移到苏区，已经证明了城市中心道路的错误和毛泽东农村包围城市路线的正确，因为主张城市中心道路的人也不得不"上山"了么。但是，"上山"以后，他们还是坚持"左"倾教条主义路线，并且变本加厉地推行本本主义，还请来了"洋顾问"李德，最终葬送了中央苏区。随着第五次反"围剿"的失败，中央苏区和南方根据地全部丧失，中央和红军被迫进行长征。历史再一次证明，不清除"左"倾和右倾错误的干扰，中国革命就无法真正走上正确的道路。

"一送（里格）红军，（介支个）下了山……"

伴随着十送红军的歌声，苏区人民把中央红军送上了长征之路。湘江之战后，长征的红军已损失过半。在惨痛的教训面前，红军上下都在思索着这样一个问题：这一切是怎么发生的？

1935年1月15日，中共中央政治局在遵义召开了扩大会议，明确指出红军所遭受的重大挫折，是博古等人顽固推行王明"左"倾错误路线的必然结果，肯定了毛泽东为红军确定的军事原则的正确性，并选举毛泽东为政治局常委，恢复了毛泽东的军事指挥权。遵义会议在党和红军生死存亡的历史关头，结束了王明"左"倾错误路线在中央的统治，并初步确立了毛泽东在党内军内的领导地位，从而挽救了党，挽救了红军。

1935年10月，红军艰苦转战11个省，经过了五岭山脉、湘江、乌江、金沙江、大渡河以及雪山草地等万水千山，最终到达陕北革命根据地，并在那里建立了中国革命新的大本营。

为了系统总结土地革命战争的经验，毛泽东在这里写下了著名的《中国革命战争的战略问题》一文。

毛泽东之所以要写《中国革命战争的战略问题》，可以说是憋了一口气的，就是要批判党内三次"左"倾错误路线。自大革命失败以后，毛泽东逐步开创了农村包围城市、武装夺取政权的正确道路，却多次受到党内错误路线的破坏和干扰。他们否认中国社会经济政治不平衡的特点，否认中国革命的长期性、曲折性、艰巨性，反对在敌人力量相当薄弱的农村建立和发展革命根据地，走农村包围城市、武装夺取政权的道路。对此，毛泽东指出："历史告诉我们，正确的政治的和军事的路线，不是自然地平安地产生和发展起来的，而是从斗争中产生和发展起来的。一方面，它要同'左'倾机会主义作斗争，另一方面，它又要同右倾机会主义作斗争。""我在这本小册子中时常提到错误方面的意见，就是为了这个目的。"

《中国革命战争的战略问题》书影

　　《中国革命战争的战略问题》一文，不仅进一步阐述了农村包围城市的武装斗争方针，而且从土地革命战争的实际出发，提出了研究和指导中国革命战争的辩证唯物主义路线，阐明了以弱胜强、由小到大的人民战争规律，总结了一整套行之有效的人民战争的指导方针、原则和战略、战术。文章指出：

"过去的革命战争证明,我们不但需要一个马克思主义的正确的政治路线,而且需要一个马克思主义的正确的军事路线。十五年的革命和战争,已经锻炼出来这样一条政治的和军事的路线了。"这条"政治的和军事的路线",也就是中国革命的正确道路。

如果说,《中国的红色政权为什么能够存在?》正确分析了国情,《井冈山的斗争》科学判断了敌情,《星星之火,可以燎原》指出了党内错误思想的根源在于没有认清国情,那么《中国革命战争的战略问题》,则是在批判党内"左"右倾错误路线之后,准确地剖析了中国革命战争的特点与规律,全面把握了中国革命的"政治的和军事的路线"了。事实证明,经过土地革命战争的洗礼,以毛泽东为代表的中国共产党人,终于找到了引导中国革命走向胜利的正确途径,那就是农村包围城市、武装夺取政权的道路。

为了进一步批驳"左"、右倾错误,毛泽东在大量阅读苏联哲学书的基础上,写下了《实践论》和《矛盾论》,从哲学高度上进一步阐述了中国革命的规律。

《矛盾论》书影　　　　毛泽东在写作《矛盾论》《实践论》

《实践论》系统阐述了认识与实践相统一的马克思主义认识论，回答了十年内战后期关于"农村包围城市、武装夺取政权"的理论是"狭隘经验论"的指责，批判了"左"右倾机会主义的错误，指出"机会主义和冒险主义，都是以主观和客观相分裂，以认识和实践相脱离为特征的"。

《矛盾论》系统论述了对立统一规律是唯物辩证法的根本规律，强调了认识矛盾特殊性的重要意义，指出矛盾的普遍性和特殊性的关系，是矛盾问题的精髓，从哲学的高度阐明了把马克思主义普遍原理与中国具体实际相结合的必要性，指出教条主义者就是不懂得矛盾普遍性和特殊性的辩证关系，不去研究中国革命的特殊性，照搬马克思主义的公式，结果导致中国革命接连遭受挫折和失败。

《实践论》《矛盾论》从马克思主义的认识论和辩证法的高度，总结了中国革命的实践经验，揭露了"左"右倾错误的思想根源，确立了马克思主义普遍原理与中国革命具体实际相结合的思想原则，对中国共产党人在斗争中开创的革命道路进行了哲学论证，奠定了马克思主义思想路线的理论基础，标志着马克思主义中国化的第一个理论成果——毛泽东思想的形成。

在毛泽东思想和中国革命道路理论的正确指引下，中国人民经历八年浴血抗战，赢得了伟大抗日战争的辉煌胜利；随后，又在解放战争中，消灭了蒋介石的八百万大军，解放了全中国。

中国革命如一条长河，它时而奔流直下，时而曲折徘徊，有时还会有一段大的回环，但总的趋势是不断向前，最终在千山万壑中开辟出一条路来。马克思主义与中国革命的实际相结合，这就是中国革命的道路，这就是毛泽东为中国革命开辟的唯一正确的道路。历史证明，井冈山的道路，是符合中国国情和中国革命战争发展规律的正确道路，找到井冈山的道路，是以毛泽东为代表的中国共产党人为中国革命胜利作出的不可磨灭的历史性功勋。

第三章

革命航程

一 山雨欲来风满楼

1925年8月的韶山,天气炎热。8月28日的这一天,正在韶山乡间组织农会开会的毛泽东突然接到一封急信,信上写道:"泽东兄,事急,省里密电拿你,务希在今晚离开韶山。"

收到信件之后的毛泽东连夜离开了韶山。不久,团防局的人就来捉拿毛泽东,结果一无所获。此时的毛泽东已经离开湖南,赶往广东。

今天的广东是我国改革开放的前沿重镇,然而80多年前的广东却是中国革命的中心。

毛泽东离开湖南后,于1925年9月到达广州。很快,他就以一名共产党员的身份担任了国民党中央宣传部代理部长。此时的广东乃至全中国正经历着五卅运动的风暴,各界群众革命热情空前高涨,打倒军阀和列强的口号响彻云霄。

自从1924年第一次国共合作,共产党员以个人身份加入国民党，以广东为根据地组成各阶级的革命联合战线，进行国民大革命。在中国共产党的领导下，1925年爆发的五卅反帝爱国运动席卷全国，波及北京、广州、南京等几十个大中城市，各地约有1700万人直接参加运动。

五卅运动对中华民族的觉醒和国民革命的发展起了巨大的推动作用。瞿秋白曾经这样说道："五卅后民众运动的发展，一直波及于穷乡僻壤……普通的小商人、十三四岁的儿童，争着写贴'打倒帝国主义，废除不平等条约'的标语，争着唱五卅流血的时调山歌。"五卅运动实际上标志着国民大革命高潮的到来。

五卅运动期间工人罢工游行

然而革命高潮的到来一方面鼓舞着真正革命者的斗志，另一方面也严峻地考验着革命的队伍。

面对不断高涨的革命形势，先是拿枪的敌人向革命队伍举起了屠刀。为了镇压五卅运动，帝国主义者向手无寸铁的游行队伍开枪，屠杀爱国群众，先后制造了"五卅惨案""汉口惨案""沙基惨案"。在帝国主义者的支持下，反动军阀也露出了其帝国主义帮凶的丑恶嘴脸，四处捕杀工人和学生领袖，殴打群众，残酷镇压五卅运动。

国家主义派的《醒狮》周刊

而不拿枪的敌人则更具欺骗。这一时期，代表买办资产阶级利益的反动知识分子曾琦、李璜等人在上海创办《醒狮》周报，自称国家主义派，将马克思主义和中国共产党作为主要的攻击对象，公开叫嚣："解决中国目前国事，共产主义既处处不及国家主义。"鼓吹"国家至上""全民革命"，反对阶级斗争。他们喊着"外抗强权，内除国贼"口号，干的却是反苏反共的勾当。在五卅运动中，国家主义派同中共争夺运动的领导权的斗争愈加激烈。这一期间，国家主义派利用五卅运动所掀起的群众爱国情绪，打着所谓"外抗强权，内除国贼"的幌子来扩大自己的影响，在全国造成了很大的欺骗性。1924

年10月创刊国家主义派的刊物《醒狮》周刊,在短短的半年后其销量就达到8000～9000份,一年后增至一万份以上。这个数字虽然比不上《向导》,但以当时中国报刊的出版销售行情论,也是相当可观。《醒狮》周刊的大量发行在知识界尤其是青年学生中造成了思想上的混乱。与此同时,国家主义派还乘机发展其党团组织遍于全国,与中国共产党公开对抗。至1926年,国家主义青年团之支部,已从都市推广到县城,即黄埔军校也有78人加入国家主义组织。国家主义派在这一时期的发展欺骗了很多的青年,而它对革命运动领导权的争夺则更是构成了对中国共产党的强劲挑战。还在1925年8月,其头目曾琦即洋洋自夸道,吾人与共产党搏战,"既越半年,青年思想,渐趋正轨,社会舆论,亦有转机,正义既彰,莠言斯熄"。而其他国家主义者更是夸下海口说"国家主义大有驾乎共产主义、三民主义二者之上之趋势",已是"全国最有力量的革命团体"。

革命形势的迅猛发展,革命阵营急剧分化。在帝国主义和军阀的压迫下,曾经同情运动的上海民族资产阶级动摇妥协了,代表资产阶级上层的上海总商会先是拒不加入领导运动的上海工商学联合会,后又单方面与帝国主义者谈判,宣布结束罢市,并扣留各地支援罢工的捐款以逼迫工人复工,走到了革命运动的反面。

国民党内部也公开分裂了。

1925年六七月间,号称国民党内理论家的戴季陶不经国民党中央批准擅自发表了所谓《孙文主义之哲学的基础》《国民革命与中国国民党》等小册子。在这些小册子里,戴季陶以孙中山的"嫡传弟子"自居,煞费苦心地把孙中山说成是继承尧舜以至孔孟而中绝的仁义道统,公开鼓吹国民党员要像孙中山一样继承孔孟的仁爱之道,反对阶级斗争和国共合作,要求加入国民党的中共党员退出中国共产党,做纯正的国民党员和三民主义信徒。

戴季陶

对于戴季陶的言论,时人讽之为:"孔子传于孙中山,孙中山再传之于戴季陶。"寥寥几语,弄得戴季陶哭笑不得。然而,戴季陶这一套荒唐的理论却被一些国民党右派奉若至宝,使一些思想混乱的国民党右派找到了其反共的理论依据,戴季陶主义的出炉标志着国民党右派开始抬头。

当年11月,坐落在北京远郊的西山碧云寺,忽然迎来了一群不速之客。在这群不速之客里面,有国民党中央执行委员和候补执行委员居正、邹鲁、谢持等十多名国民党右派。为了争夺革命领导权,他们盗用国民党中央执行委员会的名义,在西山碧云寺召开所谓的"国民党一届四中全会",非法另立国民党中央,反对国共合作,宣布取消共产党员的国民党党籍,史称"西山会议"。

国民党右派在北京西山碧云寺召开会议

令人啼笑皆非的是,这些西山会议派的头头脑脑们,不仅听了误传,把欣然北上与之会合的戴季陶误认为是"共党分子",派人对其拳打脚踢,弄得个鼻青脸肿,还把当时被视为国民党左派汪精卫的国民党党籍也一并开除了。虽是闹了笑话,但由此可见,国民党右派对中共忌恨之深。

可以说,五卅运动所掀起的国民大革命的风暴对中国社会各阶级进行了一次集中的检验,在这次运动中,社会各阶级登台亮相,政治态度在运动中都有比较充分的表现,革命联合阵营内外争夺领导权的矛盾也日益显露。错综复杂的革命斗争形势把许多缺乏现成答案的新问题提到了中国共产党人的面前:这就是:如何看待中国社会各阶级及其各派政治势力,以及在此基础上如何正确地制订中国的革命策略,准确地确定中国革命的对象和动力,获得最广大的同盟军,在国民革命中实现无产阶级的领导权?

二　阶级分析辨敌友

面对这些革命的新形势和新问题,年轻的共产党人在观察着、思考着。

为了回答这些问题,反击国家主义派和国民党右派,为中国革命制订正确的策略提供可靠的依据,1925年12月1日,毛泽东在国民革命军第二军刊物《革命》半月刊第四期上发表了《中国社会各阶级的分析》一文,随后这篇文章被当时的《中国农民》和《中国青年》转载。

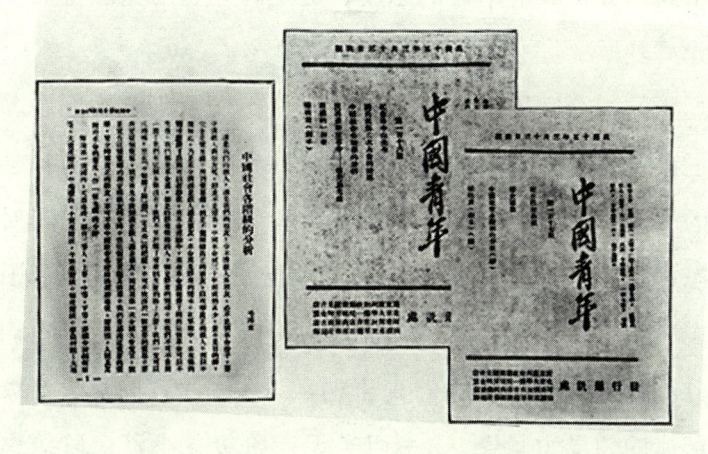

在《中国青年》上发表的《中国社会各阶级的分析》一文

在这篇后来被称作雄文四卷之首的文章里,毛泽东开篇即振聋发聩地写道:"谁是我们的敌人?谁是我们的朋友?分不清敌人与朋友,必不是个革命分子。""中国革命亘三十年而成效甚少……就是不能团结真正的朋友,以攻击真正的敌人。"而"要分辨真正的敌友,不可不将中国社会各阶级的经济地位，及其对于革命的态度，作一个大概的分析"。

其实，因为没有分清楚敌友，或者不知道怎样科学地分清敌友这个革命的首要问题，中国革命何止是积了30年的教训啊！从太平天国视列强为洋兄弟的幻想，到义和团运动"扶清灭洋"惨遭中外反动势力联合镇压的悲剧，再到孙中山一生因革命屡被列强所驱逐、被军阀所出卖，至其去世仍然念念不忘"革命尚未成功，同志仍需努力"。为了一个敌友问题，中国革命付出的代价太大了！

毛泽东把分清敌友作为革命的首要问题明确提出来，这在中国革命史上是破天荒的第一次，而从各阶级的经济地位和阶级性出发来分析其对革命的态度，更是闪烁着马克思主义唯物论的光辉。

真正的革命家不仅善于提出问题，更要善于解决问题。在提出了敌友问题是革命的首要问题后，毛泽东在《中国社会各阶级的分析》一文中，对中国社会各阶级的经济地位及其对革命的态度进行了深入分析，他雄辩地指出："一切勾结帝国主义的军阀、官僚、买办阶级、大地主阶级，以及附属于他们的一部分反动知识界，是我们真正的敌人"；"工业无产阶级是我们革命的领导力量"；"一切半无产阶级、小资产阶级，是我们最接近的朋友"。他还特别提醒人们注意，中产阶级虽然能够参加革命，但是具有动摇性和妥协性，例如，"有一个自称为戴季陶'真实信徒'的在北京《晨报》上发表议论说：'举起你的左手打倒帝国主义，举起你的右手打倒共产党'这两句话，画出这个阶级的矛盾惶遽状态"。因此，对这个阶级，"右翼可能是我们的敌人，其左翼可能是我们的朋友——但我们要时常提防他们，不要让他们扰乱了我们的阵线"。

在国际共产主义运动史上，如何对待资产阶级是一个普遍性的难题，这是一个甚至连列宁都没有完全解决好的问题，更何况在中国这么一个半殖民地半封建社会，资产阶级状况更加复杂，既不同于西欧的资产阶级，也不同于俄国的资产阶级的国家。如何处理好同中国资产阶级的关系，没有任何现成的经验可以借鉴。当时国共两党的一些领导人都从不同的方面对社会各阶级做过分析，但是毛泽东的《中国社会各阶级的分析》，却无疑代表了当时党内在这一问题上的最高水平。毛泽东把马克思主义和中国革命实践相结合，第一次对中国社会各阶级作出了系统、全面的分析，在此基础上明确指出了谁是中国革命的领导者、同盟者和革命对象，第一次真正地解决了敌友问题。同时，毛泽东还首次把中国的资产阶级科学地划分为买办资产阶级和民族资产阶级，并最早地揭示出民族资产阶级在民族民主革命中的两面性和动摇性，这不仅在理论上超过了同时代的其他马克思主义者，而且在时间上也初步解决了中国新民主主义革命理论中的一个核心问题，即对民族资产阶级的态度问题，形成了马克思主义中国化最初的宝贵成果，为此后中国革命建立最广泛的统一战线奠定了理论基础。

毛泽东的观察和分析是深刻而独具特色的，也是被后来的革命实践所证明了的。然而，毛泽东的正确论断并没有引起中央的重视，中共中央的机关刊物《向导》甚至拒绝登载毛泽东的这篇文章。因为他的论断并不合当时一些党的领导人的胃口。在党的总书记陈独秀看来，中国的无产阶级还相当幼稚，谈不上是革命的领导力量，中国的农民加入革命的队伍则是存在困难的,而马克思主义经典理论则认为资产阶级是铁板一块,都是革命的敌人。因此,毛泽东的意见在一定程度上被忽视了。

因为不能及时吸纳党内的正确意见,在革命的暴风雨中,中国革命的航船开始偏离了方向。

三　红旗卷起农奴戟

1926年,国民大革命运动开始进入一个崭新的阶段。这年7月,国民革命军誓师北伐。北伐军一路势如破竹,在不到一年的时间里先后击败了军阀吴佩孚、孙传芳,几乎控制了大半个中国。

在中国共产党的发动下,北伐军的行军作战得到了各地民众的踊跃支持,而湖南、广东等省的工农运动更是给了北伐军极大的援助。在北伐军进军途中,工农群众给北伐军带路、送信、运输、提供救护,甚至还组织农民自卫军直接参战。时任北伐军前敌总指挥的唐生智这样说道:"我们这次革命的成功,完全是工农群众的力量。"

北伐军的胜利进军也推动着工农运动的高涨,湖南、湖北等省份的农民运动,在北伐胜利的鼓舞下空前地发展起来了。在不到一年的时间里,湖南全省75个县中已成立农民协会的有36个,已有农民协会筹备处的有18个,农会会员激增到200万人,能直接指挥的群众增加到1000万人,占了全省农民的一半。

组织起来的农民开始猛烈地冲决封建的网罗,他们攻击的矛头直指土豪劣绅、贪官污吏以及各种宗法制度和乡村恶习,这个攻击的形势简直是疾风迅雨，局势发展之快远远超出了人们的预料。乡间的地主政权纷纷被推翻，不少地主被罚款游乡或是驱逐出境，一些恶名昭著的大土豪劣绅被逮捕枪毙；象征着神权和封建族权的寺庙和宗祠被农民砸毁，农民协会成为农村唯一的权力机关。在今天，我们依然能在南方的农村看到一些破落不堪的农房，然而在北伐时期这里却是十里八乡的中心，因为这里是县农会的所在地，当年这里是全县唯一有效的权力机关。农民在这里发号施令，远近地主闻风丧胆。

反映当年农会批斗地主恶霸的漫画

这是一场中国农村几千年来前所未见的大变革。这场疾风迅雨般迅猛兴起的农民运动，在人们面前提出了一系列以往从来没有遇到过的新问题。如何看待这些问题，成了社会各界瞩目的焦点。

农民在乡间的造反，搅动了绅士们的美梦。他们一面组织镇压农民运动，一面污蔑攻击农民运动是无恶不作的"痞子运动、懒农运动"。乡间的消息传到城里，城里的绅士也跟着批评，认为农民在乡村实在是闹得不像话，糟得很。少数北伐军军官和一些所谓的革命青年的家属在农村受到冲击，他们也愤愤不平地说"农民扰乱了革命的后方"。

在当时一封写给《向导》杂志编辑部的读者来信中，一位自称为"革命青年"的读者就发出这样的质问："我们能出来读书，参加革命都是因为家有薄田，全靠几担租谷接济，现农会要求减租，我们读书且不能维持，当如何革命？"

一时间，谣言四起。在长沙、武汉的街头巷尾，从中层以上社会到国民党右派，无不谴责农民运动是"痞子运动"，是"懒农运动"。连上海、天津都流传着说"湖南已经共产了"，实行的是"共产共妻"和"裸体运动"。

而此时在共产党的内部，在如何对待农民问题上，也产生了分歧。陈独秀害怕农民运动的暴风骤雨吓跑了所谓革命的资产阶级，认为农民运动"过火"了，要求纠正农民运动中的"过火"举动，给农民运动泼冷水。

在1926年12月初的中共中央汉口特别会议上，陈独秀指责湖南工农运动"过火""幼稚""动摇北伐军心""妨碍统一战线"等。认为当前"各种危险倾向中最要的严重的倾向是一方面民众运动勃起之日渐向'左'，一方面军事政权对于民众运动之勃起而恐怖而日渐向右"。根据这个分析，会议规定当时党的主要策略之一是：限制工农运动发展，反对"耕地农有"，以换取蒋介石由右向左。

在这次会议上，时任中央农委书记的毛泽东和湖南区委书记李维汉等明确表示反对陈独秀限制工农运动的策略，要求解决农民土地问题。但讨论没有开展下去，因为缺乏实地的调查研究，毛泽东觉得自己的考虑也许不成熟，对陈独秀的观点一时也拿不出充足的理由去反对。

在早期的中国共产党领导人中，一般比较关注的是城市的工人运动，而毛泽东却是较早重视农民问题、并有着从事农民运动实际革命经验的人。

早在1925年，毛泽东从上海回乡养病期间，他利用原来的祠堂、族校，在韶山、银田寺一带创办夜校，对农民进行思想启蒙教育，并以韶山农民毛福轩等为骨干秘密组织农民协会，发展会员。在这个基础上，毛泽东亲自发展了韶山第一批中共党员，在自家阁楼上成立了中共韶山支部。这是毛泽东在农村中创建的第一个党的基层组织。

毛泽东这次在家养病还领导了韶山历史上一次有名的"平粜阻禁"斗争。1925年7月间，韶山大旱，又正是青黄不接、粮食奇缺的时节。地主却乘机囤积居奇，高抬谷价。毛泽东便召集中共党支部和农协骨干开会，决定发动农民迫使地主开仓平粜。他派人同当地土豪、团防局长成胥生交涉。成胥生不仅拒绝，还把谷子运往湘潭等地牟取暴利。毛泽东得知这一消息后，要毛福轩等率领数百名农民带着锄头、箩筐等，连夜奔赴银田寺阻止谷米起运。成胥生见农民人多势众，被迫开仓平粜，其他地主也不得不跟着照做。

毛泽东在韶山从事农民运动的时间虽不长，却很有章法，在偏僻的山村搞起了各种组织。农民运动开展得有声有色，在当时颇具影响。1926年12月，湘潭县农会在《湘潭县农民运动报告》中介绍说："湘潭农运，为湖南全省之中心。"

毛泽东的活动，引起土豪劣绅的忌恨。这年8月28日，湖南省省长赵恒惕电令湘潭县团防局急速逮捕毛泽东。县议员、开明绅士郭麓宾在县长办公室看到了这封密电，写了一封信交人赶快送到韶山，毛泽东见信后逃离韶山赶往广东，于是就有了本文开头的一幕。

这一段经历给毛泽东留下了深刻的印象，10多年后，他在和美国记者斯诺的谈话时这样回忆道："在以前我还未充分了解农民中阶级斗争的程度，可是在五卅惨案（一九二五年）以后，和在随之而来的政治活动的大浪中，湖南农民变得十分地活动了。我利用我所休养的家庭，发动一个农村组织活动，在仅仅几个月内，我们组织了二十个以上的农会，同时引起了地主的怨毒，要求将我逮捕。"

到达广东后不久，毛泽东又被任命为国民党中央农民部主办的农民运动讲习所所长。今天广东农民运动讲习所纪念馆仍然保存有当年的课程表，从上面我们可以看到，毛泽东为农民运动讲习所的学员亲自讲授了"中国农民问题""农村教育""地理"三门课，其中"中国农民问题"是所有课程中授课时间最多的，共23个课时。他还组织了以地区划分的13个农民问题研究会，主持拟定了地租率、田赋、地主来源、抗租减租、农村组织状况等36个调查项目，要求学生根据家乡的实际情况一一填写。毛泽东很珍视这些调查材料，后来丢失了，到20世纪60年代谈起时，他还说很可惜。

正是因为从事过实际的农民运动，所以毛泽东了解中国农民和农村。带着对陈独秀政策的怀疑，带着对农民运动是否"过火""幼稚"问题的思考，毛泽东决心实地考察一下，看看农村的实际情况究竟是怎么一回事。恰好在这时，他收到湖南全省农民第一次代表大会的邀请电，请他回湖南指导工作。随后，他从汉口到了长沙。

从1927年1月4日开始，毛泽东在戴述人等陪同下，身着蓝布长衫，脚穿草鞋，手拿雨伞，考察了湘潭、湘乡、衡山、醴陵、长沙五县。历时32天，行程700公里。

1927年2月1日是大年三十，在千家万户忙着过年的时候，毛泽东却依旧冒着风雪，奔波在农村考察的路上。在考察中，他亲眼看到许多过去闻所未闻、见所未见的奇事。农村革命的沸腾生活像磁铁一样吸引了他。在韶山，他听说长期骑在农民头上的土豪劣绅家小姐、少奶奶的牙床，农民也可以踏上去打滚。

在湘乡县，农会干部汇报说，有个大土豪逃到长沙，到处攻击农民运动，说"那些一字不识的黑脚杆子，翻开脚板皮有牛屎臭，也当了区农民协会的委员长，弄得乡里不安宁"；而留在乡下的小劣绅怕打入另册，却愿意出十块钱要求参加农会。

在衡山县白果乡，人们告诉他，农会掌了权，土豪劣绅不敢说半个"不"字；一向上不得桌席、进不得祠堂的妇女们也成群结队地拥入祠堂，一屁股坐下便吃酒席，族长老爷也只好听便。

在醴陵县，农民告诉他，有个诨号叫"乡里王"的土豪易萃轩，最初极力反对农协，后来又低头作揖，一面给乡农会送上"革故鼎新"的金匾，一面又把儿子送到何键的部队里去当兵。

在许多地方，他还看到农民推翻了过去维护封建统治的都团机构，人们谈论起昔日耀武扬威的都总、团总，都说："那班东西么，不作用了！"农会组建起自己的武装——纠察队和梭镖队；农民还禁烟禁赌，组织起来修道路、修塘坝等。

一切似乎都翻了个个儿，一切又似乎才刚刚开始。这些新鲜活泼见闻，使毛泽东大大打开了眼界，为之兴奋不已。社会上出现的对农民运动的种种攻击，又使他感到忧虑。

2月12日，毛泽东结束考察，由长沙回到武汉，住进武昌都府堤41号。在这里，他迫不及待地给中央写报告，陈述自己对农民运动的看法。他奋笔疾书，夜不能寐，一个多月的所见所想喷薄而出。他用最快的速度写成了《湖南农民运动考察报告》一文上报中央。

在这篇著名的报告中，毛泽东叙述了湖南农民所做的14件大事，认为都是革命的行动和完成民主革命的措施。他深刻地指出："宗法封建性的土豪劣绅，不法地主阶级，是几千年专制政治的基础，帝国主义、军阀、贪官污吏的墙脚。""打翻这个封建势力，乃是国民革命的真正目标。"他热情地讴歌了农民运动，说"孙中山先生致力国民革命凡四十年，所要做而没有做到的事，农民在几个月内做到了。这是四十年乃至几千年未曾成就过的奇勋。这是好得很"。他说："一切革命同志都要拥护这个变动，否则他就站到反革命立场上去了。"他大声疾呼："所有各种反对农民运动的议论，都必须迅速矫正。革命当局对农民运动的各种错误处置，必须迅速变更。"

《湖南农民运动考察报告》单行本

　　在《湖南农民运动考察报告》和此前毛泽东写就的《国民革命和农民运动》这两篇文章里，毛泽东实际上解决了中国革命最核心的问题，那就是革命的动力问题。因为干革命就要解决靠谁去干的问题。在当时中国这么一个农业人口占绝大多数的半殖民地半封建社会，只有农民起来参加革命才有可能革命成功。在这里，毛泽东抓住了中国最基本的国情，他突出地提到了农民问题在中国革命中的特殊重要性，指出农民问题是中国革命的中心问题，主张深入农村，发动农民起来参加革命，这就解决了中国革命的主要动力问题。实际上也就指出了中国革命的主战场不在城市，而是在农村。

　　毛泽东的贡献还不仅仅是指出了农民是中国革命的最主要的同盟军，还在于在《湖南农民运动考察报告》中，他运用马克思主义阶级分析的方法，对农民中的各个阶层的经济地位和政治态度进行了深入分析后，准确地指出在农村贫农的革命态度最坚决，是革命先锋，而中农的态度是游移的，富农则是消极的。因此，他提出农村革命必须依靠贫农，团结中农，向封建势力作斗争。这就为中国农村革命的发展壮大确定了正确的路线。

毛泽东的这篇《湖南农民运动考察报告》，首先在中共湖南区委机关报《战士》周刊发表。随后，许多报刊相继转载。4月，以《湖南农民革命（一）》为书名，出版了全文的单行本，由长江书店印发。瞿秋白为这本书写了热情洋溢的序言，他说："中国农民要的是政权和土地。……中国革命家都要代表三万万九千万农民说话做事，到前线去奋斗，毛泽东不过开始罢了。中国的革命者个个都应该读一读毛泽东这本书。"

在这篇序言里，瞿秋白还给了毛泽东一个称号："农民运动的王！"

毛泽东的这篇报告，还引起了当时共产国际的注意。因为农民问题不仅在中国，就是在国际共产主义运动中，也是个没有解决好的问题。1927年，共产国际执委会机关刊物《共产国际》先后用俄文和英文两次翻译发表了《湖南农民运动考察报告》。在当时共产国际的机关刊物上，特别是在其俄文版上，能够享此殊荣的，毛泽东可谓中共第一人。

这是毛泽东第一篇被介绍到国外的文章，它的英文版的编者按说："在迄今为止的介绍中国农村状况的英文版刊物中，这篇报道最为清晰。"当时任共产国际执委会主席团委员的布哈林在执委会第八次扩大会议上也说："我想有些同志大概已经读过我们的一位鼓动员记述在湖南省内旅行的报告了"，这篇报告"文字精练，耐人寻味"。

然而，毛泽东的观点却遭到了党的总书记陈独秀的反对，中共中央下达了纠"左"的指示。陈独秀本人还直接找中共湖南省委书记谈话，要求一定要制止农民运作中的所谓"过火"行动。在国民党右派即将叛变革命、磨刀霍霍的时候，中共中央却在执行一条压制工农运动以谋求同国民党右派妥协的右倾错误路线，遭受浩劫在所难免。不久，蒋介石和汪精卫相继叛变革命，轰轰烈烈的国民大革命失败了，年轻的中国共产党人惨遭屠杀。

四　统战法宝解国忧

大革命失败以后，中国共产党人擦干身上的血迹，开始独立承担起领导中国革命的重任。1927年8月7日，在汉口召开的中共中央紧急会议，也就是著名的八七会议上，清算了大革命后期以陈独秀为代表的右倾机会主义错误，确定了土地革命和武装反抗国民党反动派的总方针，中国革命开始进入发动农民实行土地革命、建立农村革命根据地、进行工农武装割据的新阶段。

但是，中国革命的道路依然坎坷。

正当中国共产党清算了陈独秀右倾路线、领导的工农武装割据渐成规模、中国革命开始走向复兴的时候，革命的航船却又一次偏离了正确的航道，驶入了乌云密布的"左"倾航线。

先是李立三抛出了中国革命高潮论，要求不间断地革命，在城市搞罢工、暴动，命令红军攻打中心城市，提出资产阶级已经是反动联盟的一部分，不仅要没收帝国主义和军阀的一切财产，还要没收资产阶级的财产，结果碰得头破血流。

然而，在批判李立三的"左"倾错误路线中上台的王明、博古等人，却并没有总结经验教训，反而令人匪夷所思地认为李立三是犯了右倾机会主义的错误，并且通过在苏区大搞所谓的路线斗争，让毛泽东靠边站。用毛泽东自己的话说，就是"我被扔到了茅坑里，搞得很臭"。

为什么明明是"左"的错误，却让王明说成是"右"了呢？

答案只有一个，那就是王明比李立三更"左"！

在王明看来，中国革命的动力只有工农和下层小资产阶级，其他一切阶级都"已转入反动的堡垒"，不仅是资产阶级，就连小资产阶级上层也是中国革命的对象。在农村，则要"坚决打击富农"，执行"地主不分田，富农分坏田"的政策。在1933年中央苏区政府土地委员会发出的第二号训令上，我们可以看到这样的字句："要使豪绅地主分不到一寸土地，富农分不到一丘好田。"

更有甚者，在查田查阶级的运动中，他们坚持奉行"只讲成分、不讲工作，不问表现"的极"左"方针，所有地主富农及其他所谓阶级异己分子，多被强迫编入永久劳役队，一部分"驱逐出境"，一部分"就地枪决"，所有财产充公。由于沾富就有危险，大批中农人人自危，许多人拼命吃穿，甚至干脆连田也不种，只求速穷，以免被查，这种情况自然是弄得民心动摇。

在王明"左"倾路线的影响下，在蒋介石一次更比一次猛烈的"围剿"中，中国革命再一次走入险地。

就在国共两党在"围剿"与反"围剿"中激烈搏杀的时候，一个中华民族共同的凶恶敌人——日本军国主义正加快灭亡中国的步伐。

1931年九一八事变，日本军国主义悍然出兵，一举吞并中国东三省；1932年"一·二八"事变，日本又在上海挑起战端；1933年日军进攻山海关，进逼华北，亡国灭种的惨祸迫在眉睫。"中华民族到了最危险的时候，每个人被迫着发出最后的吼声。"《义勇军进行曲》的歌词，喊出了亿万中国人心中的满腔悲愤。

日军发动九一八事变

九一八事变以后，中日之间的民族矛盾开始逐步上升为主要矛盾，全国各地掀起了抗日救国运动的高潮，学生、工人和市民纷纷走上街头，游行示威、罢课罢工、发表通电要求抗日，南京请愿的学生包围了南京政府，还痛打了国民政府外交部部长王正廷；民族资产阶级的态度这时也有了明显的变化，上海、汉口等地的商号公开提出抵制日货，要求"实行对日经济绝交"；而国民党内部也发生了分化，冯玉祥在张家口组织察哈尔民众抗日同盟军，公开反对蒋介石的不抵抗政策。

然而，在全国人民高呼抗日的时候，蒋介石却提出了

"攘外必先安内"的谬论。1933年，蒋介石调集重兵，发动了对中央苏区规模空前的第五次"围剿"。由于博古、李德的"左"倾冒险主义的指挥，红军遭受重大损失，处境被动。在这个万分紧急的时刻，1933年11月，被蒋介石部署在福建"围剿"红军的第十九路军，在蒋光鼐、蔡廷锴的率领下毅然举起了反蒋抗日的旗号，发动了震惊全国的福建事变。

这是一次千载难逢的好机会，如果红军和第十九路军在此时结成统一战线，那么不仅蒋介石的精心布置的第五次"围剿"将全盘泡汤，而且红军还可以借此出击江浙等省，直接威胁或袭取国民党空虚的后方。

据蒋介石侍从室主任晏道刚后来回忆，蒋介石在抚州得知福建事变消息，神色异常紧张，深恐红军与第十九路军联合。好几次与晏道刚同坐汽车时，忽而自言自语，忽而挥拳乱舞。

显然，蒋介石已经乱了方寸。

然而，历史却没有如果。

民族矛盾开始上升为主要矛盾的事实，引起了中国革命形势新的变化。如何认识在民族危机空前严重的情况下国内阶级关系发生的深刻变动，把中国革命推向前进，这成了摆在党中央面前的首要问题。

但是，此时以王明、博古为代表的"左"倾冒险主义和关门主义在党中央已取得统治地位，他们不仅没能正确地顺应形势，反而作出一些严重脱离实际的错误决定。在面对日本帝国主义的侵略、全国人民要求抗日的情况下，他们提出的竟然是"武装保卫苏联"这种离题万里的口号；而面对国内阶级关系的变化，他们看不到民族资产阶级和部分地主阶级也有抗日的要求，看不到国民党内部正在发生的分化和破裂。相反，他们认为这些有抗日要求的中间势力是"最危险的敌人"，不仅要对蒋介石，而且对想与我们结盟的察哈尔民众抗日同盟军和第十九路军，也"要以主要的力量来打击之"。这样做，只能把原来可以成为朋友的中间力量推向蒋介石一边去，白白浪费了扩大统一战线的好机会。

因为"左"倾冒险主义和关门主义的错误路线，中央苏区第五次反"围剿"失败，被迫开始长征。

多年以后，毛泽东回忆起这段历史时还余怒难平。他在几篇笔记里这样写道：博古等人搬来斯大林所谓中间派别最危险的论断，否定一切同盟者。对此，他辛辣地讽刺道："先把敌人说成铁板一块，大的小的一齐打倒，而后干脆说要拿主要力量来打倒小的，因为据说这些小的最危险。"在苏区要"明确阶级路线"，搞什么"地主不分田，富农分坏田"，"对国民党则集中力量打击想和我们结盟的察绥抗日同盟军、十九路军"。"于是乎小的被我们打得不亦乐乎，成群的跑到大的那里去，我们却孤零零地遭受着大的小的双管齐下，把我们打得要死。正是'周郎妙计安天下，赔了夫人又折兵'。""这种革命，要对付全世界的帝国主义和整个中国的地主资产阶级政府，又把'十九路军一切官长'也当作敌人，这是世界革命史上唯一无二或者至少是稀罕的杰作。"

长征途中的中国共产党人在血的教训中，开始总结反省"左"倾路线的错误。在毛泽东等人的努力下，1935年，遵义会议结束了"左"倾路线在中央的统治，逐步形成了以毛泽东为首的中央领导集体。

在随后召开的瓦窑堡会议中,中共中央根据中国社会主要矛盾发生变化这一关键形势,确立了建立抗日民族统一战线的战略决策。会议讨论时,围绕民族资产阶级有没有可能抗日的问题,发生了争论。毛泽东在会议的主题发言中分析了各阶级对抗日的态度,明确提出民族资产阶级在亡国灭种的关头有参加抗日的可能,甚至连军阀、地主和大资产阶级营垒也有分化的可能。党应该克服关门主义这个主要的危险,采取各种适当的方法与方式去争取这些力量到反日战线中来。

单行本《论反对日本帝国主义的策略》

随后,在党的活动分子会议上,毛泽东作了《论反对日本帝国主义的策略》的报告,对这一时期的基本形势特点和我们建立统一战线的原则、方法作了深入的阐述。会议确立了建立抗日民族统一战线的战略决策,结束了关门主义在中央的统治。更可贵的是,在这次会议上集中批判关门主义和"唯成分论"错误的同时，还及时提醒全党汲取历史上发生过的实行统一战线时的右倾错误的教训。明确提出中国共产党在抗日统一战线内部，既要团结一切抗日力量，又要坚决同一切动摇、妥协、投降和叛变的倾向作斗争，取得统一战线的领导权。为了适应抗日民族统一战线的要求，瓦窑堡会议还改正了"左"的阶级政策。会议决定将以往苏区"工农共和国"的国号改为"人民共和国"，指出人民共和国是以工农为主体，同时又容纳一切反帝反封建的阶级。同时还改变了对富农的政策，富农的财产和土地，除封建剥削之部分外，采取保护政策。对民族工商业的存在和发展也予以保护。这次会议解决了建立抗日民族战线的一系列理论和策略问题，对于即将到来的全民族抗战有着十分重要的意义。

瓦窑堡会议后，中共中央加强了对统一战线工作的领导，一方面积极促进"一二·九"运动后全国人民的抗日救亡运动的发展，一方面在"抗日反蒋"的旗号下尽可能地向国民党上层和地方实力派宣传我党的抗日主张，开展争取同盟者的工作。

陕北肤施，也就是今天的延安。1936年4月19日，这块一向难得看到飞机的地方，忽然一架飞机从天而降，上面下来的是张学良等一行四人，他们来这里是为了等待另一位重要人物的到来。

当这一天夜幕低垂的时候，他们在肤施城内的天主教堂见到了这位等候已久的重要人物，并进行了彻夜长谈。这位和张学良密谈的神秘人物就是周恩来。在这次谈话中，双方就停止内战、联合抗日达成了很多共识。而这次会谈中张学良提出的

"联蒋抗日"的方针也为中共中央所接受。此后，中共中央调整了策略，不再提"抗日反蒋"的口号，开始实行"逼蒋抗日"的方针。

1936年9月的一天，一队自称是国民党军事委员会派往保安代表团的人马，突然出了保安城，进入正在此"剿共"的东北军的防地，再换乘汽车，直奔西安而去。在这支身着国民党军服的队伍当中，最不引人注意的是一位穿国民党士兵服的马夫，然而他却是这支队伍的真正长官——叶剑英。而其他身着国民党军官服的人当中，还有后来大名鼎鼎的彭雪枫和潘汉年等人。这是一支神秘的队伍，他们经过毛泽东和周恩来逐一挑选，派往东北军做统战工作，肩负着沟通中共中央和张学良的重任。

很快，在叶剑英等人的努力下，张学良、叶剑英、毛泽东之间，架起了一条秘密热线。光是1936年10月，叶剑英在西安城里发给保安城的密电，就达18次之多。

张学良　　　　　　杨虎城

在中国共产党的推动下，1936年12月12日，爱国将领张学良、杨虎城发动西安事变，囚禁了来西安督促"剿共"的蒋介石，以兵谏的形式逼蒋抗日。在蒋介石承诺停止内战、一致抗日的情况下，中共中央积极促成了西安事变的和平解决，经过后续的一系列的艰苦谈判，终于实现第二次国共合作。

此后，在中国共产党的努力下，还同阎锡山、李宗仁、陈济棠、傅作义等地方实力派取得联系或达成协议，建立起包括全国各阶级参加的最广泛的抗日民族统一战线，从此拉开了全民族抗日战争的伟大序幕。

五　新民主主义指航程

七七事变后，全面抗战爆发。虽然在抗战的初期，国民党正面战场在优势日军的攻击下节节败退，全国多数大中城市落入敌手，但在全国人民的英勇抗击下，粉碎了日本帝国主义三个月灭亡中国的狂妄计划，也在一定程度上消耗了日军的有生力量。

1938年广州、武汉陷落后，抗战进入艰苦的相持阶段。

进入相持阶段后，日本帝国主义开始对国民党实行军事打击和政治诱降相结合的两手政策。结果，国民党副总裁、国民政府行政院院长汪精卫公开投敌，蒋介石虽然还坚持抗日，但眼看在抗战中自己节节败退，而中共的敌后游击战却在发展壮大，蒋介石是看在眼里，急在心里。

1938年12月31日，蒋介石在日记里写道："共党乘机扩张势力，实为内在之殷忧。"几天后，他在日记里把话说得更明白了："目前急患不在敌寇"，"共产党之到处企图发展"，

"应切实制订对策，方足以消弭殷忧也"。显而易见，这时的日本已经不是蒋介石的急患，而中共则成了他日夜欲制订对策予以消弭的殷忧。他已把关心的重点从对日作战转向防共反共方面，只是这时他还没有公开说出来而已。

那么，要"切实制定对策以消弭殷忧"的蒋介石都制订了些什么对策呢？在随后召开的国民党五届五中全会上，他抛出了一个《限制异党活动方法》，制订了所谓"溶共""限共"和"防共"的方针。

随着国民党《限制异党活动办法》的颁布，国内政治形势一天天恶化。在河北、山东、陕甘宁边区等地，国民党顽固派不断制造同八路军的军事摩擦，事件层出不穷，令人不安的消息不断传来。

国民党在河北的"摩擦专家"、河北民军总指挥（后任河北省政府民政厅厅长）张荫梧公开叫嚣："八路军怕统一战线破裂，我们无论怎样做，进攻是没有问题的。"他乘八路军反击日军"扫荡"的机会，从背后偷袭深县八路军后方机关，残酷杀害八路军官兵400多人。不久，国民党第二十七集团军杨森部又包围湖南平江嘉义镇新四军留守通讯处，杀害通讯处负责人、新四军上校参议涂正坤、八路军少校副官罗梓铭等6人。

那时，中共中央所在的陕甘宁边区，更是国民党顽固派制造摩擦事件的重点地区。他们派了19个步兵军和2个骑兵军，还有3个保安旅和17个保安队，共约40万人对边区进行包围与封锁。他们还向边区许多县派去国民党的县长、县党部和保安队。对当时的形势，毛泽东在一封电文中曾这样描述道：

"谋我者处心积虑，百计并施，点线工作布于内，武装摧毁发于外，造作谣言，则有千百件之情报，实行破坏，则有无数队之特工。"

国民党的摩擦行为给抗日民族统一战线蒙上了阴影，如何在团结抗日的前提下，制止国民党的倒行逆施，防止国民党的投降危险，是摆在此时中国共产党面前的严重问题。一味退让，只能使对方更加得寸进尺，不能使问题得到解决。因此，毛泽东在这年年初已经开始考虑如何处理反摩擦的问题。他说：大革命的"亡党之痛"提醒我们，"要国民党进步，没斗争是不行的"。为此，他强调："在国民党开始进步时（由内战转到抗战时），全国团结统一空气高涨，妨碍统战开展的主要危险是关门主义。""在国民党退步时（二月起）妨碍统战开展的危险，便是怕磨擦破坏统一战线。"

1939年9月16日，毛泽东会见了随同北路慰劳团来延安的国民党中央社记者刘尊棋、《扫荡报》记者耿坚白和《新民报》记者张西洛。当记者问到所谓"限制异党"在各地摩擦问题时，毛泽东激动起来了，他说："共同抗日的党派就是友党，不是'异党'。抗战中间有许多党派，党派的力量有大小，但是大家同在抗战，完全应该互相团结，而决不应该互相'限制'。"

当记者问到共产党对待所谓摩擦的态度时，毛泽东回答："我可以率直地告诉你们，我们根本反对抗日党派之间那种互相对消力量的磨擦。但是，任何方面的横逆如果一定要来，如果欺人太甚，如果实行压迫，那末，共产党就必须用严正的态度对待之。这态度就是：人不犯我，我不犯人；人若犯我，我必犯人。但我们是站在严格的自卫立场上的，任何共产党员不许超过自卫原则。"

谈话最后，毛泽东提出"坚持抗战、反对投降"，"坚持团结、反对分裂"，"坚持进步、反对倒退"三大政治口号，这是中国共产党在抗战中期的基本口号，在全国产生广泛的影响，帮助许多人清醒地认识到国内政治局势中正在步步上升的严重危机，成为他们分清是非的标准。

然而，形势还在继续恶化。蒋介石越来越倾向于用军事手段向中国共产党进攻。从1939年至1941年发动皖南事变，国民党顽固派先后掀起两次反共高潮，在全国各地制造大小摩擦上百次之多。

在应对国民党反共高潮的斗争实践中，毛泽东关于统一战线的思想获得重大发展。这一时期，他提出了一系列极其重要的统一战线的策略原则，并从理论上作出高度的概括。他突出强调了发展进步势力是我们争取统一战线领导权的根本，强调争取中间势力的极端重要性，以及对顽固派斗争的"有理、有利、有节"的原则，提出在抗日统一战线中，以斗争求团结则团结存，以退让求团结则团结亡。因此，他提出了"发展进步势力、争取中间势力、孤立顽固势力"的统战策略，和以斗争求团结的基本原则。同时他还特别强调要"大量吸收知识分子"。在为中共中央起草的《大量吸收知识分子》中，毛泽东大声呼吁："全党同志必须认识，对于知识分子的正确的政策，是革命胜利的重要条件之一。"

按照毛泽东的统一战线思想，发展进步势力，就是要放手发动工人、农民和城市小资产阶级参加抗日斗争和民主运动，放手扩大八路军、新四军和其他人民武装力量,广泛创立抗日民主根据地,发展共产党的组织到全国。进步势力是中国革命的基本力量,是抗日民族统一战线的支柱,也是争取中间势力和孤立顽固势力的基本条件,更是我们保持对统一战线领导权的根本条件。争取中间势力,实际上就是争取民族资产阶级、争取开明绅士、争取地方实力派。这是不同的三部分人,但都是当时时局中的中间派。在当时的中国,这种中间势力有很大的力量,往往可以成为我们同顽固派斗争时决定胜负的因素。因此,毛泽东突出强调了争取中间势力的重要性。

针对反共顽固派一方面主张团结抗日,一方面摧残进步势力的两面性特点,毛泽东提出要用革命的两手来对付:既争取他们留在革命队伍中,又要同他们作思想上、政治上、军事上的坚决斗争。他说:"在抗日统一战线时期中,同顽固派的斗争,不但是为了防御他们的进攻,以便保护进步势力不受损失,并使进步势力继续发展;同时,还为了延长他们抗日的时间,并保持我们同他们的合作,避免大内战的发生。"为此,毛泽东提出了对顽固派斗争的"有理、有利、有节"的原则。

毛泽东提出的这些重要策略原则,对当时及以后全党在复杂的斗争中正确处理民族矛盾与阶级斗争的关系,巩固与发展统一战线起了重要的指导作用。在这些正确策略原则的指导下,中国共产党打退了国民党的反共高潮,制止了国民党的投降危险,为抗日战争的最后胜利提供了坚实的保障。

时任八路军第一二九师参谋长李达后来在其回忆录中这样写道:"回顾反磨擦斗争这段历史,使我更深刻地体会到:抗日民族统一战线的建立和维持,是贯彻执行我们党的既联合又斗争，斗争要有理、有利、有节的政策策略而取得的。""正是由于我们坚决执行了党的抗日民族统一战线的政策，因而赢得了广大人民和中间势力的拥护与同情，积蓄和发展了抗日力量。"

这一时期，国民党顽固派在对共产党进行军事进攻的同时，也在思想战线上发起了攻势。

国民党顽固派叫嚣，要以"宣传对宣传""以理论制驭理论"。中国共产党的叛徒、号称国民党"理论家"的叶青公开主张："三民主义可以满足中国现在和将来的一切要求。它的实现，中国便不需要社会主义了，从而组织一个党来为社会主义而奋斗的事也就不必要了。"他还说："国民党外的一切党派，不止今天，就是将来也没有独立存在的理由。"

一向拙于理论的蒋介石自己也亲自上阵，在1939年9月发表了一篇《三民主义之体系及其实行程序》的长文，鼓吹所谓"以党治国""以党建国"，"要使抗战胜利之日，即为建国完成之时"。

自诩为中间势力的张君劢则在这一时期发表了《致毛泽东先生一封公开信》，要同毛泽东讨论"共产党之理论"。他咄咄逼人地写道："窃以为目前阶段中，先生等既努力于对外民族战争，不如将马克思主义暂搁一边，使国人思想走上彼此是非黑白分明一途，而不必出以灰色与掩饰之辞。"在这封信里，他公然要求在主张取消边区、取消共产主义。一时间，妥协空气、反共声浪又甚嚣尘上，把全国人民打入了闷葫芦里。

此时的中共党内，王明又印发了集中反映其"左"倾错误观点的《为中共更加布尔塞维克化而斗争》一书，要求全党学习，继续宣扬其教条主义的一套。

中国向何处去？中国革命向何处去？这个十分重大而又尖锐的问题摆在了每一个关心国家前途命运的国人面前，摆在了每一个共产党人的面前。

抗战爆发后，中国共产党从原来遭受严密封锁的狭小根据地走出来，走上了全国政治活动的大舞台，受到人们的密切关注，人们渴望了解中国共产党对时局和对中国未来前途的看法。

为了回答人们心中的疑问，1940年初，毛泽东在陕甘宁边区文化协会第一次代表大会上作了长篇演讲，这就是后来著名的《新民主主义论》。

毛泽东《新民主主义论》单行本

在演讲中，毛泽东开宗明义地提出：我们要建立一个新中国，"我们共产党人，多年以来，不但为中国的政治革命和经济革命而奋斗，而且为中国的文化革命而奋斗；一切这些的目的，在于建设一个中华民族的新社会和新国家"。接着，他热情洋溢地描绘了新民主主义国家的政治、经济和文化建设的蓝图。同时，他严肃地指出，中国革命是无产阶级领导的人民大众的反帝反封建的革命，中国革命的第一步是进行新民主主义革命，第二步才是社会主义革命，这两个阶段是相互衔接的，绝不容许中间横插一个资产阶级专政的阶段，而新民主主义革命和旧民主主义革命的根本区别在于无产阶级是否掌握了领导权。

亲耳听过这一报告的温济泽后来回忆说：毛泽东的"这个长篇讲话，从下午一直讲到入夜点起煤气灯的时分"。"拥挤在会场里的五六百听众，被他的精辟见解和生动话语所鼓舞、所吸引，聚精会神，屏息静听，情绪热烈，不时响起一阵阵的掌声。"

毛泽东在延安的住所

令人难以置信的是，毛泽东这些具有历史意义的重要文章，都是在极其简陋的环境中写出来的。他住在延安杨家岭的两间窑洞里，里间是寝室，有一张木床、一个小木方凳、一个木箱；外间是办公室，有一个旧书架、一张作为办公桌的旧方桌，还有一些小方凳。他习惯于通夜工作，到天快亮时才睡，上午十时又起来继续工作了。

对当时的情形，担任他保卫参谋的蒋泽民这样回忆道："毛泽东写文章是非常辛苦的。延安地区没有电，夜晚毛泽东写文章时点两根蜡烛照明，烛光昏暗而又跳动，很影响视力，容易使眼睛疲劳。毛泽东写累了，就揉揉酸胀的双眼，再继续写，一夜之后，他的脸上沾了一层烟尘。"

从1939年底到1940年初，在《新民主主义论》之前，毛泽东还先后发表了《〈共产党人〉发刊词》《中国革命和中国共产党》两篇理论著作。这两篇著作和《新民主主义论》一起，构成了中国共产党关于新民主主义革命理论的完整体系。在这些著作里，毛泽东分析了中国半殖民地半封建社会的国情，指出帝国主义和中华民族的矛盾、封建主义和人民大众的矛盾，是近代中国社会的主要的矛盾。为此，他提出了中国革命的总路线是无产阶级领导的人民大众的反帝反封建的革命；强调中国革命分两步走的总体步骤和中国革命的前途是社会主义和共产主义的，而不是资本主义的。

在这些著作中，毛泽东还科学地总结了中国革命的基本经验，指出"统一战线、武装斗争、党的建设"是中国革命的三大法宝。关于中国革命的一条总路线、两步走和三大法宝的提出，标志着中国共产党对中国革命的性质、动力、前途、领导权等根本问题有了一个明确而完整的认识，也标志着毛泽东新民主主义革命理论的成熟。这是马克思主义与中国实际相结合的第一次飞跃，是马克思主义中国化的第一个最重大的理论成果。

新民主主义论的提出，解开了萦绕人们心头的疑问，它不仅成为党领导革命的根本方针，还在国内产生了引人注目的广泛影响。

在《新民主主义论》发表后不到3个月，这篇著作就已经传到了上海。《中国民主宪政运动史》的作者李平心当时撰文写道："我在上月间看到了一则印刷模糊的通讯，其中刊出了当代一位大政治家关于新民主主义的政治与新民主主义的文化的演讲提要，不禁狂喜，因为在简短的提要里，已经闪耀了演讲者天才的光辉，发掘了中国现代历史的真理。"

闻一多后来谈起读过毛泽东这些著作后的感受时，这样说道："我们一向说爱国、爱国，爱的国家究竟是个什么样子，自己也不明白，只是一个乌托邦的影子，读了这些书，对中国的前途渐渐有信心了。"

新民主主义理论的提出和统一战线的一系列方针政策的确定，标志着马克思主义同中国革命实践相结合的毛泽东思想已经日渐成熟。经过18年的风风雨雨，毛泽东终于为中国人民指明了一条适合中国国情的夺取民主革命胜利、建设新中国的正确道路。

抗战胜利后，蒋介石挑起内战。在解放战争中，新民主主义革命的总路线得到了进一步的调整和完善。毛泽东指出：以蒋、陈、孔、宋四大家族为代表的国民党官僚资产阶级在抗战以来，巧取豪夺，大发国难财，积累起巨额资本，垄断了中国经济命脉。国民党官僚资产阶级是阻碍中国进步和人民解放的新的压迫势力，是中国革命的又一对象。而民族资产阶级因为受帝国主义和官僚资产阶级的双重压迫，在人民力量日益增强的今天，他们中的大多数是可以参加革命的，他们和开明绅士一样，凡是一切被帝国主义、封建主义和官僚资本主义所压迫、损害或限制的人们，都是人民大众的一部分，我们应该团结他们，建立起针对国民党反动派的最广泛的统一战线。

1947年，在晋绥干部会议上，毛泽东铿锵有力地宣告："无产阶级领导的，人民大众的，反对帝国主义、封建主义和官僚资本主义的革命，这就是中国的新民主主义革命。"

早在1920年毛泽东就曾经说过："主义譬如一面旗子，旗子立起来，大家才有所指望，才知所趋赴。"树起"新民主主义"这面旗子，是中国历史上的一件大事，在这面旗帜的引导下，在解放战争隆隆的炮声中，中国革命终于迎来了胜利的曙光。

第四章

奠基立业

一　万事开头难

1949年对于古老的中国来说，是开天辟地的一年。

这年1月31日，人民解放军进驻北平。废墟中的天安门广场被打扫一新，目睹了无数兴衰荣辱的天安门城楼挂上了人民领袖毛泽东的画像。

神州大地正在酝酿着人民共和国的新生；硝烟刚刚散尽的北京城，准备迎接人民当家做主新时代的到来。

同一天，远在几百华里之外的一个小山沟——平山县西柏坡，迎来了几位金发碧眼的外国人，为首的是苏共中央政治局委员米高扬。毛泽东向这位斯大林派来的客人，系统阐述了新中国建国方案。他说，我们将要筹建的这个新政权，是以中国共产党为领导的，由各党各派、社会知名人士参加的民主联合政府，是以工农联盟为基础的人民民主专政。这个国体，是实现千百年来人民当家做主根本愿望的制度保证。他还打了一个

米高扬（左三）在西柏坡

比喻说，如果把这个新生的人民政权比作一个大家庭的话，那它现在的屋内还是太脏了，我们必须"另起炉灶"，好好加以整理，"打扫干净屋子再请客"。

通过与毛泽东、周恩来等中共领袖的3天交谈，米高扬这位事先声明只带耳朵来听情况的苏联客人，临走前也不能不感叹地说："毛主席有远大的眼光，高明的策略，是很了不起的领袖人物。"

送走了苏联客人，中央立即着手为七届二中全会的召开做最后的准备。这是一次制定夺取全国胜利和胜利后各项方针政策的决策性会议。3月5日，会议在西柏坡举行。毛泽东在会上提出了今后工作重心由乡村转移到城市的战略任务，要求全党同志必须以极大的努力去学会管理和建设城市。他豪迈地宣布："我们不但善于破坏一个旧世界，我们还将善于建设一个新世界。""夺取全国胜利，这只是万里长征走完了第一步。"革命以后的路程更长，工作更伟大、更艰苦，"务必使同志们继续地保持谦虚、谨慎、不骄、不躁的作风,务必使同志们继续地保持艰苦奋斗的作风"。

西柏坡全景

七届二中全会还明确提出了建立新中国的时间表和路线图,这就是:"四月或五月占领南京,然后在北平召开政治协商会议,成立联合政府。"

新中国的筹备工作,从此进入更具实质性的操作阶段。

会后,中共中央离开西柏坡前往北平。毛泽东把此行比做进京赶考,希望能够考试合格。他与周恩来相约:"我们决不当李自成,我们都希望考个好成绩。"

到达北平后,毛泽东并没有立即进城,而是住进了香山的双清别墅。在这里,他一方面指导中共代表团与国民党政府的和平谈判,一方面指挥人民解放军"打过长江去,解放全中国"。4月23日,南京解放,蒋介石政权统治中国22年的历史宣告终结,人民的天下已经到来。

这一天,毛泽东诗兴大发,写下了著名的诗篇《七律·人民解放军占领南京》：

> 钟山风雨起苍黄，百万雄师过大江。
> 虎踞龙盘今胜昔，天翻地覆慨而慷。
> 宜将剩勇追穷寇，不可沽名学霸王。
> 天若有情天亦老，人间正道是沧桑。

此时的毛泽东终于可以抽出时间，广泛与各界代表人物接触，和他们共商建国大计了。一个春日的下午，他乘车来到北平城内的师范大学，拜访代校长汤璪真、文学院长黎锦熙、地理系主任黄国璋。他们是北平九三学社的成员，有的还是毛泽东当年在长沙读书时的老师或同学。畅述旧情之后，黎锦熙对毛泽东说：新政协会议就要召开，新中国将要诞生，北平九三学社的历史任务已经完成，正准备宣布解散。毛泽东听后诚恳地说："九三学社不要解散，应该认真团结科学、文教界的知名人士，积极参政，共同建设新中国。"

新中国，一个多么滚烫的字眼。但即将建立的新中国将是一个什么性质的国家？它将采取什么样的政权形式？实现什么样的对外政策？人们对此并不清楚。6月30日，毛泽东发表了《论人民民主专政》一文，明确指出我们正在筹建的新中国，只能是"以工人阶级（经过共产党）领导的以工农联盟为基础的人民民主专政"的人民共和国，而不是资产阶级专政的共和国；它的前途必将是社会主义和共产主义；它的对外政策是实行向苏联"一边倒"。这些基本观点，为正在制定的新政协《中国人民政治协商会议共同纲领》（简称《共同纲领》）奠定了思想基石。

《人民日报》发表的《论人民民主专政》

《论人民民主专政》给中国人民指明方向的同时，也给对中国革命持观望态度的美国人泼了一头冷水。一周后，美国驻华大使司徒雷登致电国务卿艾奇逊，认为中共公开宣布向苏联"一边倒"的外交政策，表明它与西方已无妥协余地，"毛现在不会被收买"。为此，原计划访问北平已无必要，他要求提前回国述职。请求很快得到批准。别了，司徒雷登。别了，旧中国。

经过紧张准备，中国人民政治协商会议第一次全体会议，于9月21日下午7时在中南海怀仁堂召开。

毛泽东主持会议并致开幕词。

占人类总数四分之一的中国人从此站立起来了！我们的民族将从此列入爱好和平自由的世界各民族的大家庭，以勇敢而勤劳的姿态工作着，创造自己的文明和幸福，同时也促进世界的和平和自由。我们的民族将再也不是一个被人侮辱的民族了,我们已经站起来了。

短短的发言,毛泽东两次讲到"站立起来了",现场的许多人也情不自禁地站起来。他们热泪盈眶,热烈的掌声经久不息。

中国人民政治协商会议场景

29日,会议通过了中国人民的临时宪法——《中国人民政治协商会议共同纲领》。纲领不仅进一步肯定了新中国的国体是人民民主专政,而且对它的基本政治制度也进行了设计,这就是人民代表大会制度、中国共产党领导下的多党合作与政治协商制度和民族区域自治制度。这是中国人民长期奋斗的历史经验总结,也是确保新中国一切发展进步的政治前提和制度基础。

对于新中国的政体问题,此前毛泽东就一直在思考中。从《新民主主义论》到《论联合政府》,他都做过相关论述,认为人民行使当家做主的权力,要通过一定的组织形式来实现,而新中国的政权组织形式,既不能照搬苏联的苏维埃,也不能照搬西方的议会制。在 1948 年 9 月的中央政治局会议上，他明确提出，要实行民主集中制的各级人民代表会议制度，这是一种既适合中国情况又有利于表达人民意志的政权组织形式。建立这样一种制度，乃是新中国民主政治建设的首要任务。刚刚进入 1949 年，毛泽东就批示"各地新区外均应建立人民代表会议制度，首先是区、村人民代表会议，方能防止命令主义与官僚主义"。8 月 13 日，他参加北平市第一届各界人民代表会议，号召"全国各城市都能迅速召集同样的会议加强政府与人民的联系"，"为召集普选的人民代表大会准备条件"。几天后，他又致电各中央局："三万以上人口城市均须开各界代表会。"

实行民族区域自治制度，是毛泽东等中共领导人在筹建新中国过程中反复思考的又一个重大问题。而这个问题，是与新中国实行联邦制还是统一共和国的问题紧密联系在一起的。根据中国的国情，《共同纲领》最终决定实行民族区域自治而不实行像苏联那样的联邦制。为此，周恩来向政协代表们解释说："任何民族都是有自决权的，这是毫无疑问的事。但是今天帝国主义者又想分裂我们的西藏、台湾甚至新疆，在这种情况下，我们希望各民族不要听帝国主义者的挑拨。为了这一点，我们国家的名称，叫中华人民共和国，而不叫联邦。""我们虽然不是联邦，但却主张民族区域自治，行使民族自治的权力。"大会一致通过的《共同纲领》明确规定："各少数民族聚居的地区，应实行民族的区域自治，按照民族聚居的人口多少和区域大小，分别建立各种民族自治机关。"这一民族政策，受到全体代表包括各少数民族代表的热烈欢迎。

30 日，政协第一届全体会议进行了选举。就在这次会议上，第一次响起了中华人民共和国国歌——《义勇军进行曲》，主席台上悬挂崭新的国旗——五星红旗。而中华人民共和国国徽的设计则要在一年后才最终定型。

当夜幕降临的时候，毛泽东率领全体政协代表一起来到天安门广场，为人民英雄纪念碑举行隆重的奠基仪式。毛泽东宣读了碑文，并第一个执锹为纪念碑破土奠基。

这是为了纪念那些为祖国新生而付出宝贵生命的人民英雄举行的典礼，也是为即将宣告诞生的新中国而奠基。

一个人民当家做主的历史新时代，马上就要来临！

二 纵情欢歌庆新生

1949年10月1日，是中华人民共和国宣告诞生的日子。作为中央人民政府主席的毛泽东，今天注定要成为历史的主角，心情格外激动。下午2时，他与中央人民政府全体委员在中南海勤政殿举行就职典礼，随后即率领大家健步登上天安门城楼。

开国大典，毛泽东在天安门城楼上

此时，广场上30万群众欢呼雀跃，无数面鲜艳的红旗迎风招展，场面十分壮观。

下午3时整，开国大典隆重开始。毛泽东庄严宣告：

中华人民共和国中央人民政府今天成立了。

在国歌《义勇军进行曲》的雄壮旋律中，毛泽东按动了电钮，中华人民共和国国旗——五星红旗冉冉升起。广场上，欢声雷动。54门礼炮齐鸣28响，象征着中国共产党领导中国各族人民艰苦奋斗的28年历程。

盛大的阅兵式开始了。由中国人民解放军陆海空三军组成12个受阅方队，119273名官兵以排山倒海的气势，威武雄壮地行进到主席台前，去接受领袖的检阅。他们带着战场上的硝烟，带着解放全中国的胜利豪情，昂首阔步。毛泽东等人挥手致意，百感交集。

此时，人民解放军正兵分两路，向中南、西南的国民党残余势力进军。到年底，迅速解放了其中的大部分地区。

次年5月，海南岛解放。

又是一年过去，西藏和平解放。

至此，除台湾和一些沿海岛屿及香港、澳门外，新中国实现了空前的统一。

阅兵式持续近3个小时，结束时天色已晚，长安街上华灯齐放，群众游行开始了。一队队怀着欢欣、激动心情的游行群众涌向主席台前，高呼："人民共和国万岁！""毛主席万岁！"扩音器里不时传出毛泽东带有浓重湖南口音的呼喊："人民万岁！""同志们万岁！"

1951年解放军进驻拉萨

此时此刻，领袖和人民共同体验着祖国新生的喜悦心情。中华人民共和国的成立，标志着帝国主义列强和中国封建势力勾结起来、恣意宰割中国人民的历史从此结束。中国人民从此站立起来了，一向遭受着压迫、奴役的劳苦大众和普通人，翻身做了新国家、新社会的主人！他们对祖国的未来充满希望，他们有理由尽情欢呼、纵情歌唱！

三　重开新路铸华章

参加完开国大典的毛泽东回到中南海住地。他对身边卫士说的第一句话是："胜利来之不易！"而这句话，他连续说了两遍。

是的，28年艰苦卓绝的奋斗，才迎来今天这个时刻，人民共和国终于在中国这块古老的土地上建立起来。这是无数革命先烈用鲜血换来的，其中就有毛泽东多位亲人。他怎能不感慨！

如何巩固并发展这个胜利呢？毛泽东在全国政协一届二次会议上指出："我们有伟大而正确的《共同纲领》以为检查、讨论问题的准则。《共同纲领》必须充分地付之实行，这是我们国家现时的根本大法。"

《共同纲领》为下一步道路提供了一个大的方向，奠定了人民当家做主的基础。但要将这一蓝图谱写成现实的画卷，还需要付出艰辛的努力。

革命的根本问题是政权问题。因此，百废待举的新中国所要做的当务之急是在全国范围内建立起巩固的、以人民代表会议制度、共产党领导的多党合作与政治协商制度和民族区域自治制度为核心的人民民主专政的政权。

新中国成立初期，人民行使当家做主的权力，主要是通过人民代表大会的过渡形式人民代表会议来实现的。

10月11日，开国大典10天之后，中共中央华东局第一书记饶漱石就向毛泽东发来一份电报，汇报松江县召开各界人民代表会议的情况和经验。毛泽东将此电转发各中央局负责人，请他们通令所属一律仿照办理，并指出："这是一件大事。如果一千几百个县都能开起全县代表大会来，并能开得好，那就会对于我党联系数万万人民的工作，对于使党内外广大干部获得教育，都是极重要的。"

12月2日，毛泽东主持中央人民政府委员会第四次会议，分别通过了省、市、县《各界人民代表会议组织通则》，指出各级人民代表会议制度，是人民民主专政的重要组成部分，在还没有条件通过普选召开人民代表大会的情况下，它作为一种过渡形式，代行人民代表大会的职权。此后，各地遵照上述组织通则的精神，相继召开各界人民代表会议，成立各级人民政府。

在毛泽东等人的精心指导下，新中国各级政权开始一步步建立起来。人民成为了新政权的主人，人民当家做主正在逐步变为现实。

中华人民共和国的成立，开创了中国共产党与各民主党派、人民团体和无党派民主人士真诚合作、民主协商的新格局。为了使各级政府和人民代表会议具有广泛的群众基础，毛泽东特别强调注意大量吸收民主人士担任各界人民代表，参加各级政权的领导，使他们有职有权。

上述设想，在开国大典上毛泽东所宣读的中央人民政府组成人员名单中有鲜明的体现。在中央人民政府主席中，6位副主席有3位非中共人士，他们是宋庆龄、李济深、张澜；在56位中央人民政府委员中，非中共人士占了27位。

《人民日报》上刊登的中央人民政府组成名单

关于这个名单，新华社记者李普多年以后这样回忆：毛泽东宣读公告后，我走上去拿稿子。稿子上贴着一个字条，写着中央人民政府委员会全体委员的名字。他指着那张字条一再叮嘱我："你小心这张字条，千万不要弄丢了。照此发表，不要漏掉了。"文件上还有他用铅笔写的批示："照此发表。毛泽东。"

名单充分体现了新中国新政府团结基础的广泛，而发表名单的建议是民主人士张治中提出的。毛泽东很重视这一建议并予以采纳，充分展示了中国共产党人政治上的宽阔胸怀和工作上的谦虚风格。按照毛泽东所说的"一半对一半"的比例要求，在随后成立的由周恩来担任总理的政务院中，4位副总理中有两位非中共人士，他们是黄炎培和郭沫若；在政务院的105位正副部长中，非中共人士则占了49位。

各民主党派在国家的政治架构中不仅有"位"，而且更有"为"。1950年5月，黄炎培就苏南川沙、南汇、奉贤3个县征粮工作中存在一些偏差等问题给毛泽东写了一封信，并提出了补救办法的建议。毛泽东先后给华东局第一书记饶漱石、苏南区党委书记陈丕显发去指示，要陈丕显派专人或者自己亲自对这3个县做一次调查，"将苏南征粮偏差及纠正情况，春耕中食粮种子肥料等如何解决的及现在苏南春耕情况，苏南灾情及救济情况等三项问题，向中央作一有具体内容的较详细的报告用电报发来，以便答复黄炎培"。并且特别嘱咐："按照实事求是精神，有则说有，无则说无，是则是，非则非，逐一查明，并加分析具报。"（《建国以来毛泽东文稿》第一册，中央文献出版社，1987，第338页）毛泽东这样认真对待党外人士的意见和采取实事求是的态度,体现了统一战线内部党与非党的真诚合作关系。

说起来,毛泽东与黄炎培算是老朋友了,他们早在抗战时期就曾共同探讨过中国的前途和出路问题。黄炎培真诚希望中共执政以后能够找出一条新路,跳出"其兴也浡焉""其亡也忽焉"的历史周期率。对此,毛泽东的回答是:"我们已经找到新路,我们能跳出这周期率。这条新路,就是民主。只有让人民来监督政府,政府才不敢松懈。只有人人起来负责,才不会人亡政息。"

黄炎培

毛泽东的这个回答,揭示了新生人民政权的实质,反映出共产党人对未来执政充满信心。现在,随着中华人民共和国的诞生,随着各界人民代表会议的普遍召开,各种联系的渠道更加畅通,人民当家做主已经成为现实,让人民来监督政府也落到了实处。民主的新路终于找到了它最好的实现形式。

新生的人民政权,海纳百川,不仅实现了人民当家做主,而且受到了最广大群众的热烈欢迎。许多非中共人士都欣然到这个新政权的各级机构中任职，黄炎培就是其中颇具代表性的一例。

本来，黄炎培一生是拒不做官的。早年，北洋政府曾两次宣布他为教育总长，他都坚辞不就。此后，他又多次拒绝过历届政府的高官厚禄。1949年新中国成立时，已经年过七十的黄炎培，按道理是不会再出任公职的。但在毛泽东和周恩来的盛情邀请下，他欣然接受了中央人民政府委员的任职，不久又担任了政务院副总理兼轻工业部部长。

对黄炎培的这一行动，子女们都感到奇怪，问他怎么年过七十反倒做起官来？黄炎培回答说："人民政府，是人民的政府，是自家的政府。自家的事，需要人做时，自家不应该不做。是做事，不是做官。"他还解释道："以往坚拒做官是不愿入污泥。今天是中国共产党领导下的人民政府，我做的是人民的官啊！中国共产党领导之下的作风，做事认真、踏实，待人和气、虚心、厚道。我们读了几十年书，积了一些理想，所认识的道理，就是这些，所想象的世界，就是这样，我们怎能不好好做呢？"

黄炎培的话，道出了许多长期以来与中共患难与共、肝胆相照的民主人士的心声，也表达了当时各界人士对自己的政府、自己的国家无限拥护和爱戴之情。

中国是一个多民族国家，正确处理好民族问题极端重要。中华人民共和国成立后，根据《共同纲领》的要求，废除了旧中国长期以来实行的民族歧视和民族压迫政策，在少数民族聚居地区实行民族区域自治，在全国范围内普遍实行民族平等和民族团结的政策。

新中国成立初期,民族区域自治运动很快在全国范围内如火如荼地开展起来。不仅在有条件的少数民族聚居区建立了自治区,而且在民族杂居区和未具备条件的少数民族聚居区也建立了民族民主联合政府。

1950年,甘肃省先后建立了天祝藏族自治县、肃北蒙古族自治县和东乡族自治县;四川省建立了第一个自治州——甘孜藏族自治州;1951年1月,贵州省成立了第一个苗族自治区——凯里苗族自治区;5月,云南建立了第一个彝族自治县——峨山彝族自治县……

鄂伦春族是当时仍处在原始社会末期的游牧民族,也是中国人口最少的民族之一。10月1日,内蒙古自治区呼伦贝尔盟建立了鄂伦春族自治旗。这是当时中国人口最少的县(旗),全旗只有778人,其中鄂伦春族724人。鄂伦春族自治旗破天荒地第一次享有了平等自治的权利。这一创举,堪称世界罕见。

鄂伦春族的房屋

到 1952 年底，各少数民族地区先后建立了各级民族自治区和民族民主联合政府，新中国的民族区域自治制度逐步建立并日臻完善。经过几十年的发展，民族区域自治制度，已经成为中华人民共和国一项不可动摇的基本政治制度，对于维护国家统一、民族团结、社会稳定、经济发展，具有不可估量的意义。

在坚持民族区域自治这一基本政治制度的同时，毛泽东等党和国家领导人还特别重视民族团结和平等的问题。1949 年 8 月 6 日，他致信彭德怀，要求人民解放军在解放兰州和大西北的战斗中，要十分注意保护并尊重班禅和甘肃、青海境内的藏族人，以为解决西藏问题做准备。10 月 23 日，他又就新疆问题给彭德怀写信：维吾尔族人口 300 余万，为新疆的主要民族，"人民解放军只有和维吾尔族（以及其他各族）建立兄弟般的关系，才有可能建设人民民主的新疆"。

西藏和新疆是中国大陆最后解放的两大少数民族地区。两区面积加起来占全国陆地总面积近三分之一，又是中国的重要边陲。处理好这两个地区的民族问题，对于巩固和发展全国统一大业特别重要。在指导这两个地区和平解放的过程中，毛泽东一再要求进驻部队，必须恪守民族政策和宗教政策，不得侵扰老百姓，增加当地人民的负担。

做好民族团结工作的第一步，是从尊重少数民族风俗习惯这样一些细节开始的。

进藏部队在翻越夏贡拉垭口处遇到了一个"马尼堆"。这是喇嘛教的一种设施。按照藏族宗教信仰和风俗习惯，经过"马尼堆"时只能从左边走，不许从右边走，只能往"马尼

马尼堆

堆"上添石头，不许从上面拿石头。当时有人说："在几千米高的山上，渺无人烟，何必注意这个形式。"部队领导严肃地指出："我们尊重藏族人民的宗教信仰和风俗习惯，不是装样子给人家看的，不管有人没人，都要自觉地去做，绝不能打折扣。"结果，所有人都从"马尼堆"左边绕过，没人触动一块碎石。

人民解放军的严明纪律和牺牲精神，给各少数民族群众和一些上层人士留下良好的印象。

1951年10月26日，进驻拉萨部队举行入城仪式，西藏地方政府官员、三大寺活佛，以及各族各界僧俗群众两万多人夹道热烈欢迎。在欢迎仪式上，西藏地方政府噶伦致欢迎词说：过去，无论是清朝的军队、美国的军队、国民党的军队，来到西藏时，我们都没有欢迎过，唯有这次人民解放军到拉萨，我们热烈欢迎，因为解放军是人民的军队。

西藏由于历史的原因，不仅存在着汉族与藏族之间的隔阂，还存在着西藏内部的不和。毛泽东把同时加强汉藏之间的团结和西藏内部的团结，作为一个根本原则。1951年5月24日，他在签订西藏和平解放协议的庆祝宴会上，十分高兴地说："现在，达赖喇嘛所领导的力量与班禅额尔德尼所领导的力量与中央人民政府之间，都团结起来了。这是中国人民打倒了帝国主义及国内反动统治之后才达到的。这种团结是兄弟般的团结，不是一方面压迫另一方面。这种团结是各方面共同努力的结果。"他还叮嘱中央人民政府派驻西藏代表张经武，要特别注意工作方法，做好那里的民族团结工作，尤其是要做好上层的统战工作。

在民族团结的旗帜下，毛泽东十分注意争取和团结少数民族的上层人士，特别是上层中的主要代表人物。1950年5月，他在审阅一份内部文件时，将有关西藏的各项改革"由西藏人民采取协商方式加以解决"，改为"由西藏人民及西藏领导人员采取协商方式加以解决"。虽然只加写了七个字，却体现了中共关于民族问题的一个重要政策。当时，毛泽东和中央其他领导人都亲自做过达赖和班禅的工作，或者通信，或者面谈，无微不至，尽心竭力。后来达赖集团叛国，这一部分人分裂出去了，但中共努力团结西藏上层人士的政策始终不变。

新中国实行民族区域自治制度和民族团结、民族平等政策，成功地解决了中国革命和建设中的一个十分复杂而又极其重要的问题，保证了中华民族的大团结和全中国的大统一。1950年的秋天，中央人民政府邀请少数民族地区的一些文工团，在中南海怀仁堂联合举行了一场盛大的联欢晚会。毛泽东即兴写下了他新中国成立后的第一首诗词，用艺术的形式，表现了国内各民族大团结的盛况：

长夜难明赤县天，百年魔怪舞翩跹，人民五亿不团圆。一唱雄鸡天下白，万方乐奏有于阗，诗人兴会更无前。

新中国的成立，不仅把这片国土上每一个曾经为它奋斗过的民众紧紧团结起来，而且以强烈的感召力去呼唤那些因国破家亡而踌躇海外的仁人志士。它使许多同胞放弃了思想对立和政治分歧，为了人民的团结和祖国的未来，走到一起来了。他们选择各种途径，冲破重重阻力，形成了新中国成立后的第一次归国热潮。

著名数学家华罗庚回来了，他在离美返国前发表了《写给留美同学的公开信》，大声疾呼："为了抉择真理，我们应当回去；为了国家民族，我们应当回去；为了为人民服务，我们也应当回去；就是为了个人出路，也应当早日回去，建立我们工作的基础，为了我们伟大的祖国建设和发展而奋斗！"

华罗庚

留在国内的许多知识分子则通过写信等方式，向国外的亲朋故友发出回国的邀请。

著名画家徐悲鸿曾给好友陈西滢写去一信，信中说：

> 弟素不喜政治，惟觉此时之政治，事事为人民着想，与以前及各民主国不同。一切问题尽量协商，至人人同意为止。故开会时决无争执，营私舞弊之事绝迹。弟想今后五年必能使中国改观，入富强康乐之途。兄等须早计，留外终非久法。倘不早计，尔时必惆怅无已。

游子回到祖国后，在新中国百废待兴的各个领域和学科，起到了学术带头人的作用，或开拓，或创新，或发展，与留在大陆的大批知识分子一道，共同开创了新中国科学文化事业的春天，为建设一个具有高度文化的文明中国奠定了坚实的基础。

新中国的成立，在国际上也迅速引起了强烈的反响。在开国大典的当天，苏联驻北平总领事齐赫文斯基就接到了毛泽东亲笔签发的政府公告。公告说：中华人民共和国中央人民政府"为代表中华人民共和国全国人民的唯一合法政府。凡愿遵守平等、互利及互相尊重领土主权等项原则的任何外国政府，本政府均愿与之建立外交关系"。齐赫文斯基迅速将公告译成俄文向国内报告。斯大林接到公告后，立即指示苏联所有报刊发表中华人民共和国成立的消息，并决定苏联与中华人民共和国建立外交关系，并互派大使。

毛泽东的政府公告同样送到了美国驻北平总领事柯乐布的手中，周恩来还附函指出："中华人民共和国与世界各国建立正常的外交关系是需要的。"10月3日,美国副国务卿韦伯去见总统杜鲁门,杜鲁门表示:"我们不要那么匆匆忙忙承认这个政府,我们在承认苏联的共产党政权之前曾等待了12年。"10月12日,美国国务卿艾奇逊发表声明:美国的政策未因中国新政府宣告成立而改变,美国目前不想讨论"承认"问题。不仅如此,他还与一些国家进行紧急磋商,以求达成一个不承认新中国的共同立场。然而此时最受美国重视的英国和印度,却令它大失所望。英国倾向于及早承认,而印度则继缅甸之后,抢在新年之前正式与新中国建立了外交关系。此后,巴基斯坦、锡兰(即今斯里兰卡)、挪威、丹麦、以色列、芬兰、瑞典和瑞士等国相继宣布承认中华人民共和国。短短的一年时间里,新中国的外交工作,初步打开了局面。

四　敢叫日月换新天

一年后,新中国成立一周年的庆典在北京举行。17个国家的外交使节出席了庆典活动,开国大典上的标语"中央人民政府万岁",由此改为"世界人民大团结万岁"。

在1950年的国庆庆典上,为了庆祝祖国母亲的第一个生日,各地都选派代表前往北京,他们带来了当地最好的礼物,更带来了对祖国的美好祝福。

翻了身分了地又获得了大丰收的农民来了,他们带着感激、热爱的心情来见毛主席。有很多农民是在夜里,顶着星星摸着黑路,走了好几十里,来到北京,想看一看自己的救星——毛主席。

从这年下半年开始,一个不仅是在中国历史上而且是在世界历史上规模最大的土地改革运动，轰轰烈烈地全面展开。到 1953 年春，全国除若干少数民族聚居的地区外，彻底废除了在中国延续数千年之久的封建土地所有制，3 亿多无地少地的农民无偿得到了约 7 亿亩土地和大量生产资料。这场深刻的社会变革，解放了农村生产力，极大地调动起亿万农民的生产积极性。这是在中国土地上发生的一场规模广大、内容深刻的社会大变动，不仅铲除了传统封建主义的根基，使古老的中国农村空前地焕发出青春活力；而且为新中国即将开始的大规模经济建设，为随之而来的合作化、工业化，乃至今天的城镇化、现代化，都奠定了坚实的土地制度基础。

翻身农民正在拔除地主界桩　　北京郊区分到土地的农民在丈量土地

是呀，刚刚过去的一年，在神州大地上发生的，并不只是一个政权代替了另一个政权、一种政治力量代替了另一种政治力量，而且是一场中华民族历史上前所未有的社会大变革。它不仅彻底改变了旧的国体，而且初步形成了新的政体。各级人民政府的成立，各界人民代表会议的召开；人民群众监督政府，民主人士参政议政，共产党领导下的统一战线不断发展；民族区域自治制度的逐步建立，国家统一，民族团结，人民进步……所有这一切，无不奠定了新中国发展进步的政治前提和制度基础。这是翻天覆地的大事变。而指导这一伟大事变的关键人物就是人民领袖毛泽东！他的名字被深深地铭记在全国各族人民的心中，他的画像也被永远悬挂在天安门城楼前。

"一条大河，波浪宽"，这是著名歌唱家郭兰英演唱的歌曲《歌唱祖国》。

随着朝鲜战争的爆发，面对着战火的威胁，人们更加感到了祖国母亲的亲爱。中国人民志愿军雄赳赳、气昂昂，跨过鸭绿江，抗美援朝，保家卫国。这首歌曲深切表达了对祖国人民的无限热爱和对帝国主义的无比痛恨，唱出了志愿军健儿思念母亲、保卫祖国的心声，成为那个年代的主旋律，唱红了大江南北。在1951年的国庆节上，志愿军健儿是当之无愧的节日主角。

中国人民志愿军跨过鸭绿江赴朝作战

国庆前夜，在中南海怀仁堂，毛泽东、周恩来设宴招待志愿军代表。席间，他们向这些当代最可爱的人频频举杯敬酒，表达全国人民对英雄儿女的崇高敬意。

在遥远的朝鲜前线，志愿军战士也以自己特殊的方式庆祝着祖国母亲的生日。他们在防空洞里举行国庆文艺晚会，除了宣传队排演的正规节目外，还有战友们的即兴表演。他们有的演《白毛女》，有的演《刘巧儿》，有的歌颂《婚姻法》，有的反映学文化。当然，最受欢迎的，还是压轴大戏齐声合唱《歌唱祖国》。演出结束后，走出防空洞，就能够隐隐地听到远处敌机投弹的轰炸声。战士们风趣地说："快听，真像节日的礼炮声！"此时此刻，许多人凝望着月朗星稀的夜空，遥想着伟大祖国正沉浸在国庆的欢乐中，不禁齐声唱起另一首"流行歌曲"："五星红旗迎风飘扬，胜利歌声多么嘹亮！歌唱我们亲爱的祖国，从今走向繁荣富强！"

光阴荏苒，转眼就到了1952年的国庆节。

1952年的秋天，中国的土地上，到处洋溢着丰收的喜悦。

经过短短3年的建设，鞍山钢铁厂成为新中国的钢铁中心。中国历史上的第一根无缝钢管就诞生在这里。在上海电机厂里，工人们正在赶造1.5万千伏安的大型电力变压器。这是在旧中国连想都不可能想的一件事情。塘沽新港正以崭新的姿态展现在渤海湾的滩头。

一批旧中国久拖不决、屡建不成的重大工程，在新中国成立短短的3年里也相继竣工，为即将开始的大规模经济建设奠定了坚实的基础。

40年来未曾修好的成渝铁路开通了，这是新中国修建完成的第一条铁路，祖祖辈辈生活在这里的人们不再感叹"蜀道难"。一年后，天兰铁路（甘肃天水到兰州）也建成通车。

淮河治理中的佛子岭水库完工了。千百年来灾难频仍的淮河流域经常发生人蛇相噬的惨剧。自从 1950 年冬天毛泽东发出"一定要把淮河修好"号召后,这场向大自然宣战的群众运动轰轰烈烈地展开。到次年 7 月,顺利地完成了第一期工程。

毛泽东题词"一定要把淮河修好"　　毛泽东为荆江分洪工程题词

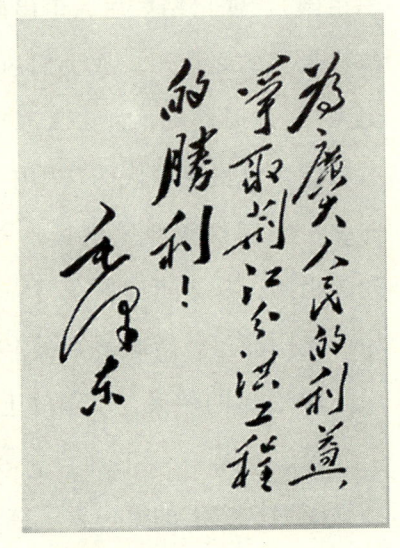

防洪特大工程——荆江分洪工程则创造了新中国工程建设史上的一个"不可思议"。工程从 1952 年 4 月开始动工,在短短的 75 天就完成了主体工程。号称当时中国第一闸的 54 座闸孔的所有的石头,都是由当地农民凭借双手开凿、打磨、垒砌起来的。

而创造这些人间奇迹的,是翻身做了主人的新中国建设者们。

孟泰,鞍山钢铁厂的一名老工人。工作之余,他到处拣拾废铜烂铁,变废为宝,支援国家建设。他的事迹传遍全厂,传遍全国,成为勤俭建国的标兵。

郝建秀，青岛国棉六厂的一名挡车工，她创造的"郝建秀工作法"，被推广到全国的纺织行业，成为增产节约的劳动模范。

孟泰　　　　　　郝建秀　　　　　　李顺达

崔国山，是鸡西煤矿一名突击队长，他带领一支快速掘进队，不断改进方法，提高技术，改变了煤矿工业中掘进落后于生产的情况。

李顺达，是山西省平顺县的一名农业合作社社长。由于合作社实行了男女同工同酬和"六定一奖"，粮食连年丰收，他被中央人民政府授予爱国丰产的"金星奖章"。正是在许许多多像他这样的劳动模范的影响和带动下，全国已有40%的农户遵循毛泽东"组织起来"的号召，加入了各种形式的农业互助组、合作社。

谢洪友、甘彩华、钱正英，他们都是来自治淮第一线的功臣。在他们的身后，是那个年代各条战线英雄模范的群像。

一批批先进人物和劳动模范充分发挥新中国主人翁的积极性和创造性，发明了许多科学的技术方法，积累了许多先进的工作经验，人民身上的创造力正在被极大地激发起来。

在国民经济的逐渐恢复和人民生活水平的不断提高的同时，人们的精神面貌和社会风气也发生了巨大的变化。

评剧《刘巧儿》剧照

巧儿我自幼儿许配赵家，我与他不认识，我怎能嫁他呀，在昨天的劳模会上我爱上了人一个呀，他的名字叫……

这是那个年代家喻户晓的评剧《刘巧儿》中的唱段。女主人公刘巧儿是争取婚姻自由的典范。中央人民政府刚刚颁布的第一部法律——《婚姻法》，为她追求自由恋爱提供了法律保障。包办婚姻和一夫多妻等封建传统被彻底根除，许多深受其害的妇女勇敢站起来解除封建婚姻，创造了新中国的第一个离婚高峰。男女平等、婚姻自由成为社会的新时尚。

著名作家老舍写的剧本《龙须沟》，真实反映了北京市人民政府彻底整治城市面貌的情况。作者在谈到自己的创作感受时写道:"在以前,反动政府是吸去人民的血,而把污水和垃圾倾倒在穷人的门外,教他们'享受'猪狗的生活。现在,政府是看那里最脏,疾病最多,便先从那里动手修整;新政府的眼是看着穷苦人民的。"

昔日龙须沟　　　　　　《龙须沟》剧照

老北京有名的八大胡同,低矮的屋檐下曾经到处是依门卖笑的青楼女子。1949年11月21日,北京市第二届人民代表会议作出《关于封闭妓院的决议》,短短12个小时之内,封闭了包括八大胡同在内的妓院224家,收容妓女1288人。接着,全国各地都采取了同样的措施,并成立了妇女生产教养院。在教养院里,这些过去饱受摧残的妇女们开始重新做人,和新中国人民一起过上了新生活。

西南军区文化教员祁建华发明的"速成识字法",以注音符号为辅助工具,生动形象,简明易学,迅速在全国各地得到普及和推广,大大提高了扫盲的效率。扫盲运动的广泛开展,为新中国的文化建设打下了基础。

在著名的避暑胜地北戴河,有一座如私家花园般漂亮的建筑,如今它有了一个响亮的名字:煤矿工人疗养院。在全国各地的著名风景区里,都有不少像这样精致漂亮的房屋,已经收归劳动人民所有。许多的共和国英雄模范,更多的普通劳动者,经常从四面八方来到这些地方疗养、休假。劳动人民创造的文明成果,正在被人民大众自己享用。

煤矿工人疗养院外景

在1952年国庆游行队伍中,刚刚经历了"五反"运动洗礼的私营工商业者组成的队伍,格外引人注目。

这一年,中国的工商界出现了新的气象,旧社会遗留的妨害国家前进的污毒已被揭发和大量扫除,私营工商业者进一步团结与组织起来。

与一些不法资本家的"五毒"同时被清理的,还有党和国家甚至军队内部大量存在的贪污、浪费和官僚主义现象。通过声势浩大的"三反"运动,像刘青山、张子善这样一些特大贪污犯被清理出来,党和国家工作人员的精神面貌更加振奋,整个社会的风气也为之焕然一新。

今天的人们习惯把新中国历史上的1949年到1952年,称为国民经济恢复时期;而毛泽东本人则喜欢把这3年看作迎接大规模经济建设到来前的"三年准备"时期。在这短短的3年里，他领导全国人民迅速稳定物价、统一财经，大规模治理水患灾害，在农村实行土地改革，在城市开展"三反""五反"，提前恢复国民经济，为即将开始大规模工业化建设，打下了坚实的基础。新中国人民用实际行动兑现了自己的承诺："我们不但善于破坏一个旧世界，我们还将善于建设一个新世界。"

在这个金色的秋天，在这个收获的季节，在这个举国同庆的大喜日子里，人们没有理由不载歌载舞，尽情欢唱。

经过3年国民经济恢复，新中国的经济、政治、文化和社会面貌都发生了翻天覆地的变化。中国人民在中国共产党的带领下，克服了一个又一个困难，在新中国成立之后的三年时间内，就向世界交出了一份令人刮目相看的成绩单，其工农业主要产品的产量已经超过新中国成立前的最高水平。

其中，钢产量为新中国成立前最高年产量的145.2%，原煤产量为新中国成立前最高年产量的106.5%，原油产量为新中国成立前最高年产量的136.3%，发电量为新中国成立前最高年产量的121%，粮食产量为新中国成立前最高年产量的109.3%，棉花产量为新中国成立前最高年产量的153.6%，具体见下表。

1952年工农业主要产品的产量与新中国成立前最高产量之比较

产品名称	新中国成立前最高年产量	1949年产量	1952年产量
钢（万吨）	92.7（1943年）	15.8	134.6
原煤（亿吨）	0.62（1942年）	0.32	0.66
原油（万吨）	32（1943年）	12	43.6
发电量（亿度）	60（1941年）	43	72.6
粮食（万吨）	15000（1936年）	11318	16392
棉花（万吨）	84.9（1936年）	44.4	130.4

而此时抗美援朝战争仍激战尤酣。

三年，只用了三年，新中国就从一片废墟上站立起来，站稳脚跟，以前所未有的自信面对整个世界。

五　"一五"计划开新篇

在1952年国庆节上，"一五"计划成为那个时代的关键词。

"一五"计划早在1951年就开始着手制订，历时四年方才完成。

编制"一五"计划的指导思想是优先发展重工业。这是根据当时中国的经济发展和国防需要来决定的。1953年6月，毛泽东在全国财经会议上讲道：为了保证国家的独立，我们在编制五年计划时要把建设重点放在重工业上，以增强国防力量，向社会主义前进，使新中国能够立于世界民族之林。一年后，他又在中央人民政府委员会第三十次会议上，直言不讳地说："现在我们能造什么？能造桌子椅子，能造茶碗茶壶，能种粮食，还能磨成面粉，还能造纸，但是，一辆汽车、一架飞机、一辆坦克、一辆拖拉机都不能造。"他焦虑的话语，道出了新中国工业基础薄弱的现实，道出了新中国人们奋起直追的迫切心情。

"一万年太久，只争朝夕。"在祖国的原野上，许多新的工厂拔地而起，电焊的火光，不分白天黑夜地闪烁在各个工业建设基地上。

"一五"计划的制订和实施，得到了苏联政府和人民的大力支持与帮助。在实际施工的921个大中型项目中，苏联援建的多达 156 个。

"一五"计划规定，5 年内国家用于经济和文化建设的总投资为 766.4 亿元，折合黄金 7 亿多两。随着这一规划的全面铺开，国家急需大量的专业技术人才。1952 年、1953 年，国家连续两年安排理工科大学生提前一年毕业分配，暂时缓解了这一矛盾。其中旧中国仅有 200 多人的地质勘探队，迅速增加到近万人。

"一五"计划的实施和落实，是实现国家工业化的第一步，也是至关重要的一步，为新中国建立比较完整的基础工业体系和国防工业体系奠定了初步的也是重要的基础。

实现国家工业化，是中国近代以来无数仁人志士在追求民族独立的同时所梦寐以求的理想，也是以毛泽东为代表的中国共产党人长期奋斗的目标。早在《论联合政府》一文中，他就指出："没有工业，便没有巩固的国防，便没有人民的福利，便没有国家的富强。"

在毛泽东看来，一个国家就好比一个家庭，而实现工业化，则是这个大家庭得以成家立业、兴旺发达的支柱。因此他设想："在新民主主义的政治条件获得之后，中国人民及其政府必须采取切实的步骤，在若干年内逐步地建立重工业和轻工业，使中国由农业国变为工业国。""中国工人阶级的任务，不但是为着建立新民主主义的国家而斗争，而且是为着中国的工业化和农业近代化而斗争。"

新中国成立后，特别是国民经济恢复以后，不仅具备了基本的政治前提和制度基础，而且具备了一定的物质条件。于是毛泽东和党中央立即把工业化提上了议事日程。

1953年新年伊始，《人民日报》发表元旦社论，指出："工业化——这是我国人民百年来梦寐以求的理想，这是我国人民不再受帝国主义欺侮不再过穷困生活的基本保证，因此这是全国人民的最高利益。全国人民必须同心同德，为这个最高利益而积极奋斗。"

一个新的伟大的历史时期开始了！

为了鼓舞人心、振奋精神，毛泽东向全党全国人民发出这样的号召："我们进入了这样一个时期，就是我们现在所从事的、所钻研的，是钻社会主义工业化，钻社会主义改造，钻现代化的国防，并且开始要钻原子能这样的历史的新时期。"毛泽东的号召，不仅开启了新中国大规模经济建设的历史新时期、社会主义工业化建设的新时期，而且开启了新中国国防现代化建设的新时期。正是从这一年开始，中国逐步开展对"两弹一星"的研制，在极其艰苦的条件下，主要依靠自己的力量，取得了举世瞩目的成就，为中国国防现代化打下了坚实的基础。

新中国人民在获得了民族独立的同时，又开始实现国家富强的梦想！这是充满着阳光和希望的历史新篇章！

六　社会改造起高潮

三年国民经济恢复不仅为国家进行工业化建设提供了必要的物质准备，也为生产关系的变革铺平了道路。经过三年经济恢复时期，国营工商业和私营工商业的产值比例发生了根本性的变化。1952年，国营工业总产值占全部工业总产值的比重上升为52.8%，国营商业在社会商品批发总额中所占比重上升为 60.5%。这样，一场深刻的社会变革已在不经意间启动。

这场社会变革所针对的是社会生活领域出现的一些新情况、新问题。

在农村，随着土地改革的完成，贫富分化很快出现了。一些分到土地的农民，由于劳动力不足或遇到不可抗拒的自然灾害或疾病等问题，又重新陷入穷困破产的境地。

据山西忻县地区 143 个村的调查，1949 年至 1952 年，有 8253 户农民出卖土地 39312 亩，出卖房屋 5162 间；据湖北、湖南、江西三省调查，出卖土地的户数和亩数，1953 年比 1952 年增加 5 倍多。出卖土地的农民，则靠出卖劳动力为生。

这种状况使中央感到十分忧虑。新中国成立初期分管农业的副总理邓子恢曾讲，中国历史上历次的农民暴动，都或多或少地改变了旧的土地所有状态，但是由于农民小生产者存在这种弱点不可能克服，所以过了数十年百把年之后，又恢复到原来的阶级悬殊与农业衰落的状态。这种历史上的悲惨道路我们不要重走。

与农村贫富分化同时出现的还有农村中的互助合作事业普遍地发展，这在很大程度上为农民的共同富裕提供了一条切实可行的道路。这样，土改之后的一场更加深刻的农村生产关系和生产力的变革，也在悄然兴起。

面对国家建设中出现的这些变化，毛泽东进行了深入的思考。1952 年 9 月 24 日，毛泽东在听取周恩来报告同苏联商谈第一个五年计划情况时，首次提出了向社会主义过渡的问题。他指出，我们现在就要开始用 10 年到 15 年的时间基本上完成向社会主义的过渡，而不是 10 年或者以后才开始过渡。

这是一个异常重要的决断。对此，中共中央和毛泽东采取了十分慎重的态度，开始有针对性地对这一问题进行了调查研究，并征求各方的意见。

10月，刘少奇率领代表团前往苏联出席苏共"十九大"。毛泽东委托刘少奇就这一问题征求斯大林的意见。根据毛泽东的意见，刘少奇在20日写给斯大林的信中，就我国经济领域出现的种种变化及中国共产党对于社会主义改造可能采取的步骤，做了详细的阐述。斯大林对中共的设想，做了肯定的评价。

1953年2月15日，农历正月初二，毛泽东南下视察的专列上迎来了一位客人，她就是时任邢台县县长的张玉美。在与张玉美的交谈中，毛泽东向她详细地了解了邢台县农业合作化工作。张玉美在汇报中告诉毛泽东，由于农业生产合作社比互助组具在更大的优越性，所以当年秋麦两季都普遍增产。毛泽东听了很高兴，点头说："是啊，农民就是经验主义者，办社就是为了多打粮食嘛。增产与否，应该成为检验农业社成败的主要标准，看来互助合作要比单干好啊。"

这是符合当时情况的判断。就劳动生产率来说，工业方面，作为社会主义经济的主要成分的国营企业，明显地优胜于资本主义的私营企业。1953年国营工业人均年产值9016元，而私营工业只有7848元。农业方面，当时，陈云对初级社的优越性做过这样的估计："搞合作化，根据以往的经验，平均产量可以提高15%到30%。"

即便如此，1953年春，中央仍然派出了中共中央统战部部长李维汉率调查组到上海、武汉、南京等工业比较发达的大城市进行调查。5月27日,李维汉向中央并毛泽东提交了《资本主义工业中的公私关系问题》的报告。随后,中央统战部又在李维汉报告的基础上,形成《关于利用、限制和改组资本主义工商业的若干问题(未定稿)》报告,提交1953年6月13日在北京举行的全国财经会议讨论。

李维汉

6月15日,全国财经会议的第3天,毛泽东在中央政治局会议上发表讲话,正式提出了过渡时期总路线:"从中华人民共和国成立,到社会主义改造基本完成,这是一个过渡时期。党在过渡时期的总路线和总任务,是要在十年到十五年或者更多一些时间内,基本上完成国家工业化和对农业、手工业、资本主义工商业的社会主义改造。"这一表述概括起来,就是"一化三改"。毛泽东认为,"一化"是"主体","三改"是"两翼",二者密不可分、互为前提。在他看来,要加快国家工业化的建设步伐,就必须同时加强对农业、手工业和资本主义工商业的社会主义改造。

这条总路线，在庆祝新中国成立4周年的口号中，正式向全国公布。此后，根据总路线的要求，全国人民在开展社会主义工业化建设的同时，陆续开展了三大改造运动。

为了指导农业合作化运动的开展，毛泽东亲自编辑了《中国农村的社会主义高潮》一书，并加写了104篇按语，内容涉及农村建设的方方面面，包括兴修水利、水土保持、绿化荒山、发展副业、提倡养猪、提高农民文化科学技术水平，等等。这些按语，提出了中国农村建设中的许多现实的和长远的大问题，其中有些观点在今天的社会主义新农村建设中，仍然具有一定的指导意义。

《中国农村的社会主义高潮》书影

《中国农村的社会主义高潮》一书于1956年1月公开出版。此时，全国入社的农户已占总农户的80%。毛泽东对秘书田家英说，他很高兴，1949年全国解放时都没有这样高兴。因为对他而言，全国解放是早已料到的，有了长期思想准备的；而农业合作化的胜利来得这样快，确实出乎意料，可谓喜出望外。

到1956年底,全国加入合作社的农户超过96%,其中加入高级社的农户超过87%,基本上实现了完全的社会主义改造。原先计划18年完成的目标,提前了11年。这种迅猛发展的异常情况,助长了急躁冒进的情绪,也留下了过急过快的负面影响。

与农业社会主义改造不同,对资本主义工商业的社会主义改造,国家采取了新的形式和方法。

1953年春,中共中央统战部组织调查组,在部长李维汉带领下,先后到民族工商业比较集中的武汉、南京、上海等地进行调查。5月27日,李维汉就调查情况给毛泽东和中共中央写报告说:经验似已证明,国家资本主义"是我们改造资本主义工业使它逐步过渡到社会主义的主要形式"。

李维汉的报告与毛泽东的想法不谋而合,他亲自打电话给李维汉,表示肯定。

9月7日,毛泽东约请陈叔通、黄炎培等10位党外人士谈话,指出"国家资本主义是改造资本主义工商业和逐步完成社会主义过渡的必经之路"。关于国家资本主义企业的利润分配问题,他还列了一个表,其中所得税占34.5%,福利费占15%,公积金占30%,资方红利占20.5%,总计100%。这就是当时所谓"四马分肥"的分配比例。只不过资本家的实际所得,后来在实践中还有所提升,占到了25%左右。

为了推动私营工商业的社会主义改造健康发展,稳定私营工商界的人心,毛泽东于10月底连续两次约集工商界一些代表人士座谈,亲自出面做他们的工作。他针对私营工商业者

"七上八下"的普遍心态，提出要安下心来，为国家富强和人民共同富裕而共同努力。他说："我们的目标是要使我国比现在大为发展，大为富、大为强。""而这个富，是共同的富，这个强，是共同的强。""全国各界，包括工商界、各民主党派在内，都要努力，把我国建设成为一个富强的国家。我们在整个世界上应该有这个职责。"

毛泽东的推心置腹的话语，在广大工商业者中间产生了强烈的反响。

对此，当时一位号称"纺织大王"的资本家在答记者问时这样说：

> 五年计划开始了，全国兴建了许多大工厂，各地进行了大规模的建设，一切实现得比梦想还要快，多么令人鼓舞！至于我，失去的是我个人的一些剥削所得，它比起国家的第一个五年计划的投资总额是多么渺小；得到的却是一个人人富裕、繁荣富强的社会主义国家。从物质生活上看，实际上我并没有失去什么，我还是过得很好。

他的话，表达了一部分拥护公私合营的个体工商业者的心声。"五年规划""大规模经济建设""繁荣富强的祖国"，这些新时代的强音，也在不少爱国的工商业者心中引起了共鸣。

此后，资本主义工商业改造开始进入高潮。1956年1月中旬，北京市率先实现工商业全行业公私合营和农业、手工业合作化，市长彭真在北京各界20多万人庆祝大会上宣布："我们的首都已经进入了社会主义社会。"同月，上海和天津也相继宣布进入了社会主义社会。

到这年年底，全国私营工商业的公私合营基本完成。

同农业社会主义改造一样，资本主义工商业的社会主义改造，特别是它的后期，也受到"左"的思想影响。尽管如此，一场以改造生产资料资本主义私有制为目标的、如此深刻的社会主义革命，得以在和平和稳定中实现，为进一步实现国家工业化奠定良好的社会基础，这不能不说是人类历史上一个空前的创举，具有深远的历史意义。

1955年底，毛泽东在解决了加速农业和资本主义工商业改造问题以后，又着手推动手工业的社会主义改造。

手工业改造在加速发展的过程中出现的问题，主要是盲目集中，一律合作，造成一些传统手工艺品质量下降，有的甚至面临失传的危险。毛泽东听到这些反映后，特意指出："提醒你们，手工业中许多好东西，不要搞掉了。王麻子、张小泉的刀剪一万年也不要搞掉。我们民族好的东西，搞掉了的，一定都要来一个恢复，而且要搞得更好一些。"

毛泽东关于手工业改造的目标是：在生产上，从手工劳动发展成为半机械化、机械化劳动；在所有制上，从个体所有制到集体所有制，最后转变为全民所有制。这个目标，后来都基本上实现了。当时成立的手工业合作社，后来基本上成为地方国营企业，有不少还发展成为拥有先进技术设备的大企业，在国民经济中发挥着重要的作用。

从1955年下半年起，作为过渡时期总路线"两翼"的三大改造，高潮迭起，只用一年多的时间，就基本完成了。毛泽东的心情格外舒畅。他向再次来华的米高扬说："现在，中国的社会主义改造的工作基本上已经完成了。从前我是睡不着觉的。一切都还不上轨道，穷得很。人总是不高兴。去年下半年以来，我开始高兴了。工作比较上轨道了，党内问题，也比较上轨道了。"

三大改造基本完成，标志着过渡时期已经完结，向社会主义的过渡已经实现。社会主义基本经济制度全面建立，为今后的发展和进步，进一步奠定了基础。此后，新中国正式进入了全面建设社会主义的新的发展阶段。

七　当家做主奠基石

经济是社会制度的基础。随着三大改造的不断深入，社会主义经济制度逐步建立，社会主义政治制度建设的任务就日益凸显出来。

早在过渡时期开始的1953年，周恩来就提出："我们的政治建设工作，要和我们的各项建设工作配合起来，因此在今年（一九五三年）——经济建设开始的第一年，同时进行政治建设。"当时的政治建设，主要任务有两项：一是召开全国人民代表大会，一是制定宪法。

1953年12月底，毛泽东要警卫员叶子龙，陪他到杭州一趟，并且告诉叶子龙，此去的任务是"写一篇大文章"。这篇"大文章"就是中华人民共和国宪法。

毛泽东为宪法起草工作进行了精心的准备。他曾为中央政治局委员和在京的中央委员列了宪法书单，其中包括1936年苏联宪法，罗马尼亚、波兰、德国、捷克等国宪法，1913年天坛宪法，1923年曹锟宪法，1946年蒋介石宪法，法兰西共和国宪法等十种。长长书单所展现的是共和国领袖的开阔胸襟与世界视野。

毛泽东到达杭州后，顾不上游览这里的湖光山色，每天午后3点，便带领起草小组驱车绕道西山路，穿过岳王庙，来到北山路84号的办公地点。他在平房里办公，宪法起草小组在主楼办公，实行流水作业，往往一干就是一个通宵。

经过两个多月的辛勤工作，宪法草案于1954年3月9日初步形成。

随后，这一草案经过宪法起草委员会、各民主党派、群众团体和社会各方面的代表审议讨论后，交付全国人民征求意见。全国各界先后有一亿五千万人参加了宪法草案的讨论。

在宪法起草委员会第7次会议上，傅作义在发言中特别指出："最后我愿意提到，在召集人会议上，大家一致同意写上一条：中华人民共和国主席是国家元首。可是被毛主席抹去了。但是这并不能抹去亿万人民衷心的爱戴。愈谦逊愈伟大，愈伟大愈谦逊。"

8月4日，广东省人民代表大会有代表提出提案，请全国人民代表大会授予毛泽东最高荣誉勋章。毛泽东批示："请即复，不要通过此项提案。"全民讨论中，还有人提议把这部宪法命名为"毛泽东宪法"，被毛泽东拒绝了。毛泽东拒绝担任国家元首背后所蕴含的是对人民民主的尊重与认同。

随着宪法制定工作的稳步推进，在中国建立起一个人民拥有一切权力的社会主义，这一奋斗目标已不仅仅是一个梦想。此时此刻，毛泽东的兴奋之情是可以想见的。是年，他在北戴河休养期间，写下《浪淘沙·北戴河》一词记之："萧瑟秋风今又是，换了人间。"

与宪法制定平行展开的另一项重要政治任务是筹备召开全国人民代表大会。要召开全国人民代表大会，又必须从选举各级人民代表做起。

1953年7月，基层人民代表大会代表的选举，迅速在全国范围内展开。这次选举，大大激发了人民群众当家做主的热情，增强了人民群众的民主意识。许多选民穿上自己认为最漂亮的衣服，高高兴兴地来到投票站。

天津市郭庄子青年妇女蒋宝珍后来这样回忆说：

> 我结婚那天正赶上选举。我和对象一商量，决定先投票，再结婚，结果硬是让花车等了两个多小时。前来送亲的人们都非常体谅。他们说："结婚是大事，选举更是大事；结婚是喜事，选举更是喜事。"

北京的基层选举工作从12月开始，连中南海里也设立了专门的投票站。毛泽东参加了北京市西单区中南海选区人民代表大会代表投票活动。

1954年4月至6月，全国各地又先后选举产生了省市区人大代表和全国人大代表。在此基础上，中华人民共和国第一届全国人民代表大会第一次会议，于9月15日在北京中南海怀仁堂隆重开幕。毛泽东在开幕词中宣布："准备在几个五年计划之内，将我们现在这样一个经济上文化上落后的国家，建设成为一个工业化的具有高度现代文化程度的伟大的国家。"

20日，大会以无记名投票的方式，通过了毛泽东主持起草的《中华人民共和国宪法》（简称《宪法》）。这部《宪法》把工人阶级领导的、以工农联盟为基础的人民民主专政的国家制度和人民代表大会的政体制度，确立为中华人民共和国的根本政治制度。《宪法》明确规定：中华人民共和国的一切权力属于人民；人民行使权力的机关是全国人民代表大会和地方各级人民代表大会；全国人民代表大会、地方各级人民代表大会和其他国家机关，一律实行民主集中制。

1954年制定的《中华人民共和国宪法》

人民代表大会制度的建立和《中华人民共和国宪法》的颁布实施，使中国人民行使当家做主的权利有了可靠的制度保障和宪法依据。

30日晚，首都各界在中南海怀仁堂举行新中国成立5周年庆祝大会。刚刚当选为中华人民共和国主席的毛泽东、副主席朱德，全国人大常委会委员长刘少奇，国务院总理周恩来等，陪同苏共中央第一书记赫鲁晓夫等11个国家政府代表团的贵宾走上主席台。这么多国家派出代表团参加中国的国庆活动，尚属首次。这一年，中国政府积极倡导和平共处的外交方针，进一步改善与周边国家的外交关系，特别是通过参加日内瓦会议，国际地位显著提高。

10月1日，天安门广场的游行比往年来得更加热闹。这不仅因为今年是建国5周年，而且还因为从今年起，国家明文规定国庆节放假两天。国家的节日，变成了人民欢庆的假日。

游行的人群中有一支队伍特别活跃——第一届全国人民代表大会代表队；有两条标语特别抢眼："拥护宪法"！"国家一切权力属于人民"！

1954年的国庆游行队伍

因为第一届全国人民代表大会的召开，因为有了自己的宪法，人们有理由更加激动和兴奋。一些人特意选择在国庆节结婚，许多人不约而同给自己的孩子起名叫"国庆"。他们用不同的方式，表达着对祖国同样的热爱之情。

召开全国人民代表大会以后，政治协商会议是否继续存在？它的性质是国家机关还是人民团体？这是当时人们普遍关心的问题。为此，毛泽东在12月19日专门召集党内外人士座谈会,明确指出:"政协的性质有别于国家权力机关——全国人民代表大会",人民代表大会是权力机关,但"这并不妨碍我们成立政协进行政治协商。各党派、各民族、各团体的领导人物一起来协商新中国的大事非常重要"。他强调:"为了实现国家工业化和社会主义改造,一定要运用统一战线的武器。""工农联盟是我们国家的基础,但还要懂得去运用在此基础上的广泛的与非劳动人民的联盟——人民民主统一战线。"

毛泽东的这些意见,使中国人民政治协商会议这个经过历史考验的统一战线组织形式,在全国人民代表大会召开以后,仍然长久地延续下来,发挥着重要作用,形成一种在中国共产党领导下的具有中国特色的各民主党派、各人民团体和各界人士进行民主协商、参政议政的政治制度,成为我国的一种基本政治制度。

八　诗人兴会更无前

毛泽东曾经预言:"随着经济建设高潮的到来,不可避免地将要出现一个文化建设的高潮。"事实确实如此,到1956年前后,随着新中国经济建设和政治建设全面展开,并取得重大进展,文化建设的高潮也如期而至。

1956年给中国的知识分子留下了太多的记忆,有人称之为"知识分子的春天",有人则把它叫作"兴旺的1956年"。

这年1月14日,中共中央在中南海怀仁堂召开了规模宏大的知识分子问题会议,与会者多达1279人。周恩来代表中共中央作主题报告,明确提出我国知识分子中间的绝大部分"已经是工人阶级的一部分",并向知识界发出了"向现代科学进军"的号召。

毛泽东盛赞"这个会议开得很好"。在随后召开的最高国务会议第六次会议上,他鲜明地提出,我们要大发展,"要在几十年内,努力改变我国在经济上和科学文化上的落后状况,迅速达到世界上的先进水平"。"为了实现这个伟大的目标,决定一切的是要有干部,要有数量足够的、优秀的科学技术专家。"

根据毛泽东和中共中央的意见,这年3月,国务院成立了科学规划领导委员会,集中几百名科学家,历时数月,制定了《一九五六——一九六七年科学技术发展远景规划纲要(修正草案)》。此后,全国几百万知识分子,在这一远景规划指引下,开始掀起向科学进军的热潮。

科学技术的创新与发展离不开思想的解放,这时,由浙江排演的昆曲古装戏《十五贯》进京演出,吸引了毛泽东的注意,引起了他的思考。

昆曲《十五贯》剧照

昆曲《十五贯》毛泽东先后看了两次。这样一出改编的古装戏，会引起这么大的反响，不是没有原因的。周恩来说它"一针见血地讽刺了官僚主义、主观主义"。这种官僚主义、主观主义不久存在于政府机关，而且存在于学术领域。当时学术界受苏联某些教条主义的影响，普遍存在着抬高某个学派压制另一个学派的现象。正因为如此，周恩来认为《十五贯》的演出，不仅复活了昆曲，而且为"百花齐放，推陈出新"奠定了基础。

4月28日，在中共中央政治局扩大会议上，毛泽东明确提出"百花齐放，百家争鸣"，即"艺术问题上的百花齐放，学术问题上的百家争鸣，我看应该成为我们的方针"。5月2日，他在最高国务会议上正式宣布了这个方针。"双百"方针一经提出，极大地鼓舞了新中国知识分子的创作热情，推动了科学文化事业的繁荣和发展。仅学术著作一项，1956年的出版量，就比1950年至1955年6月出版的总和还要多。

参加1956年国庆节庆祝活动的人们惊喜地发现，1949年9月30日奠基的人民英雄纪念碑，正在紧张的施工之中。与这座历史纪念碑同时奠基的新中国基本政治制度、经济制度，经过国民经济恢复时期和社会主义过渡时期的建设、革命和改造，也基本建立起来。刚刚结束的中国共产党第八次全国代表大会，正确分析了社会主义改造完成以后的主要形势和主要矛盾，适时地提出了把工作重心从革命转移到建设上来的战略决策，这标志着新中国从此进入了全面建设社会主义的历史新时期。

许多人还记得，那一年的庆祝游行是在雨中进行的。但滂沱的大雨并没有浇灭大家的热情。载歌载舞的人们有太多的理由表达自己的快乐和激情。天安门城楼上，站在毛泽东两旁的分别是印度尼西亚总统苏加诺和尼泊尔首相阿查里雅，这说明由于积极参加首届亚非会议，新中国的外交工作又取得了新进展。

广场上，最先通过天安门的是工矿企业队伍。巨大的模型昭示着新中国已经造出了自己的飞机、汽车和机床；大幅的工业图表，反映了实行"一五"计划以来经济发展的速度和成效。"我们已经提前一年零三个月完成了五年计划"的标语，尤其鼓舞人心。

文艺队伍从主席台前经过，载歌载舞的他们正在"双百方针"指引下，阔步前进。在这支队伍中间，跳得最欢的是一群身着民族服装的藏族青年。他们在欢庆祖国生日的同时，还在庆祝西藏自治区筹备委员会的成立。

少先队员手握鲜花，在雨中鼓掌欢呼。他们是祖国的花朵，是共和国的未来。他们目睹了新中国的诞生，又要和新中国一起步入全面建设社会主义的新时代。

万事开头难。在各方面工作千头万绪，时间又不允许久拖不决的情况下，新中国的缔造者们以深远的战略眼光，开始了对于中国政治经济、文化等各项制度的设计。现在看来，这些设计是符合中国实际国情的，是经得起历史考验的。它的影响不仅在今天让人能强烈地感受到，而且还将延续到将来。这是他们留给后人的一笔丰厚遗产，是他们对中华民族做出的难以估量的贡献。

第五章

探索新路

一　十大关系开新篇

1956年在中国社会变革历程中,是一个重大的转折点。1月15日,北京率先宣告进入社会主义社会。那天,在天安门城楼上,毛泽东从工人、店员、农民和工商业者代表手中接过了完成社会主义改造任务的喜报。

随即,天津、重庆、杭州……各大城市进入社会主义社会的喜报接踵而至。这些日子,毛泽东异常兴奋。他对秘书田家英说,他很高兴,1949年全国解放时都没有这样高兴。

社会主义改造宣告完成,在理论和实践上解决了在中国这样一个占世界人口近四分之一的、经济文化落后的大国中建立社会主义制度的艰难任务。这是我国历史上最深刻、最伟大的社会变革,成为新中国一切进步和发展的基础。

如果说,1956年在新中国历史上是一个迎接胜利的年代,那么在社会主义阵营内部,这一年却是一个"多事之秋"。事件首先发生在被誉为"革命圣地"的苏联。

在20世纪50年代,中国年轻的父母会给自己的孩子选择一个好听的苏联名字。列宁装成为人们衣着打扮的时尚。电影院里放映的是苏联的电影。芭蕾舞在苏联老师的指导下,也渐渐跳出了味道。人们阅读的更多是从俄语翻译过来的书籍,许多人都会背诵高尔基的散文《海燕之歌》。当时流传着一个家喻户晓的口号:"苏联的今天就是我们的明天。"

苏联的影响不仅仅在精神层面上。作为社会主义的"老大哥",曾经为新中国的各项建设提供了很大的帮助。苏联社会主义建设模式及在建设过程中积累的种种经验,对我国的社会主义经济建设具有巨大的启示意义。

剧变发生在1956年初。是年2月,苏共"二十大"在莫斯科召开。赫鲁晓夫在这次会议上作了长达4个半小时的秘密报告,不仅批评了对斯大林的个人崇拜,而且暴露了苏联经济建设中的一些缺点和错误。这次会议毛泽东形象地称之为"揭了盖子""捅了漏子"。

赫鲁晓夫(前排左三)在苏共"二十大"上

"揭了盖子",就是说它破除了对苏联经验和斯大林的迷信;"捅了漏子",就是认为赫鲁晓夫作秘密报告,犯有严重错误。果然,赫鲁晓夫的秘密报告一经出台,在国际共产主义运动内部就形成了一股巨大的冲击波,引起了极大的思想混乱。以美国为首的西方阵营乘机从政治上和思想上对社会主义和共产党进行攻击和煽动,掀起了一个世界范围的反苏反共浪潮。10月,东欧一些国家政局动荡,陆续发生了波兹南事件和匈牙利事件。这些情况,引起毛泽东的严重注意。他提议写一篇文章,表明中共中央的态度。

在他的主持下,中共中央政治局多次召集会议讨论。对于如何吸取苏共"二十大"的教训,毛泽东在1956年4月的中央政治局会议上指出:最重要的是要独立思考,"把马列主义的基本原理同中国革命和建设的具体实际相结合"。他说,民主革命时期,我们吃了大亏之后才成功地实现了这种结合。现在是社会主义革命和建设时期,我们要进行第二次结合,找出在中国怎样建设社会主义的道路。按照毛泽东的思路,4月,《人民日报》发表了编辑部文章《关于无产阶级专政的历史经验》,年底发表了另一篇编辑部文章《再论无产阶级专政的历史经验》。

关于第二次结合,毛泽东还说道:这个问题,我几年前就开始考虑。能否不用或者少用苏联的拐杖,不像第一个五年计划那样搬苏联的一套?我们应该从各方面考虑如何按照中国的情况办事,不要再像过去那样迷信了,要努力找到中国建设社会主义的具体道路。

在社会主义革命即将完成、社会主义建设时期就要到来的时候,强调要实行第二次结合,找出在中国怎样建设社会主义的具体道路,这是时代赋予中国共产党人的历史使命,也是毛泽东向全党提出的最新任务。

新中国的经济建设,是在苏联的直接影响和帮助下起步的。在取得了巨大成就的同时,也复制了苏联的一些错误和教训。如何以苏为鉴,走出一条适合中国情况的新路,这是毛泽东等党和国家领导人思考的重点。周恩来认为:开始几年学他们是必要的,经过这两三年,我们也有些经验了,就应该总结总结。毛泽东直言不讳地说:要引以为戒!他们走过的弯路,你还想走?"我们的工业化、工业建设,完全应该比苏联少走弯路。"

如何探索中国社会主义建设的新路呢?中国共产党人给出的答案是四个字:"调查研究"。党和国家领导人对新中国经济建设情况所做的一次全面系统的调查研究开始了。

据中央档案馆中保存的一本刘少奇《工作日志》记载,从1955年12月7日开始,刘少奇先后约请国务院37个部委负责人听取汇报,为中国共产党第八次代表大会的召开做着准备工作。此时距1945年中国共产党"七大"的召开已经过去了11个年头,在中国社会即将迈入新的历史阶段之时,党急需理清思路,开辟未来。

1956年1月中旬,毛泽东外出调查回到北京后不久,从薄一波那里听说刘少奇正在听取国务院一些部委汇报工作,这立刻引起了他的兴趣。他对薄一波说:"这很好,我也想听听。你能不能替我也组织一些部门汇报?"于是,从2月14日开始,到4月24日结束,毛泽东用了一个半月的时间,连续听取了34个部门的汇报。

为了听汇报，毛泽东还不得不改变长期养成的夜间工作的习惯。他每天都是一起床就开始听汇报，每次都是四五个小时。用他自己的话来说，几乎每天都是"床上地下，地下床上"。周恩来差不多每次都参加，刘少奇、陈云、邓小平有时也来参加。

2月16日，在听取第一、第二、第三机械工业部的汇报时，毛泽东谈到学习苏联的问题，他主张采取分析的态度。时任一机部副部长汪道涵曾参加了汇报会工作，他回忆说，毛主席认为：学习苏联问题要分两类。一类按中国的，一类规规矩矩、老老实实地学。如土改，我们不学，不照它的；对资本家的政策，我们也不学它。技术问题横直一概照抄，比较好的，或者我们根本不知道的，学过来再说。

2月25日，在听取重工业部汇报时，周恩来谈到要派人到资本主义国家去学技术，毛泽东很赞成，说：不论美国、法国、瑞士、挪威，只要他们要我们的学生，我们就派去。周恩来说：把各国经验都学过来，要有这个气魄。

为了增加工业建设方面的感性知识，从4月12日到17日，毛泽东等又连续6天参观了机械工业展览。这个展览设在中南海瀛台。展览的规模不算小，几乎占满了瀛台几个院落的所有平房。展室是古老而陈旧的，但展品则是现代的，代表当时中国一流水平。毛泽东每天下午来到瀛台参观，少则一两个小时，多则三个来小时，看得十分认真。有时不满足于讲解员的解说，就让工作人员帮他找来一些有关的图书和材料，进一步钻研。

《人民日报》发表毛泽东《论十大关系》

"调查就像'十月怀胎',解决问题就像'一朝分娩'。"这是毛泽东30多年前说过的一句老话。1956年4月25日,他根据1个多月来调查研究的情况,在中央政治局扩大会议上,发表《论十大关系》的著名讲话,全面论述了社会主义经济、政治生活中十个方面的重大关系和原则。

《论十大关系》的发表,标志着党的第一代中央领导集体对中国社会主义建设道路的探索,开始形成一个初步而又比较系统的思路。毛泽东把它看作一个转折,说:"从一九五六年提出十大关系起,开始找到自己的一条适合中国的路线。"对于这条路线,美国学者莫里斯·迈斯纳这样评价:

> 1956年4月,毛泽东向政治局提交了供选择的建议,即他的《论十大关系》的讲话。这篇讲话描绘了一种跟苏联完全不同的发展战略。

二　"八大"路线展宏图

《论十大关系》的提出，为起草中共"八大"政治报告明确了指导思想，也为"八大"的召开做好了理论准备。当年参加政治报告起草工作的邓力群回忆说：

> 大概在1956年四五月间，一次刘少奇开会回来，大约是晚上10点多钟了，打电话找我和陈伯达等去他那里。他非常高兴地说：主席作了调查，讲了十大关系，十大关系应当成为起草"八大"政治报告的纲。

"八大"政治报告的指导思想明确以后，起草工作立即紧锣密鼓地开展起来。这时候的毛泽东却突然提出要到长江去游泳，而且谁的劝阻都不听。他先到长沙游了湘江，接着到武汉畅游长江。看到"一五"计划重点建设项目武汉长江大桥已经浮出水面，遥想未来长江三峡的开发利用，他诗兴大发，写下了著名的《水调歌头·游泳》：

> 才饮长沙水，又食武昌鱼。万里长江横渡，极目楚天舒。不管风吹浪打，胜似闲庭信步，今日得宽余。子在川上曰：逝者如斯夫！
> 风樯动，龟蛇静，起宏图。一桥飞架南北，天堑变通途。更立西江石壁，截断巫山云雨，高峡出平湖。神女应无恙，当惊世界殊。

从南方回到北京不久，"八大"政治报告在刘少奇的主持下已经写出了第一稿。此后，毛泽东即着手主持对报告的讨论和修改。他反复强调,"这一次重点是建设",报告的主要部分要"讲建设"。

毛泽东说"八大"政治报告的重点在建设,实际上是讲"八大"的重点在建设。几个月前,在作《论十大关系》报告的时候,他还没有明确提出经济建设是今后工作的重心。随着三大改造的逐步完成,把全党工作重心转移到经济建设上来,不仅有了可能,而且极为必要。此时提出来,正是为了唤起全党的高度重视。

在抓紧修改政治报告稿的同时,"八大"其他方面的准备工作也在有条不紊地进行。8月30日晚,毛泽东在中南海怀仁堂主持召开"八大"预备会第一次全体会议,再次谈到要进行"第二次结合"的问题,认为"如果不结合,那就不行"。

在10天后召开的预备会第二次全体会议上,他着重谈到了"第二次结合"中可能遇到的新情况、新问题,他认为:"现在是搞建设,搞建设对于我们是比较新的事情。"接着,他集中谈到了学习新技术、总结新经验的问题:"搞经济,我们也有了一些经验,现在搞这些新的科学技术我们还没有经验。"他说:"世界上新的工业技术、农业技术我们还没有学会","我们还要作很大的努力,主要靠第二个五年计划和第三个五年计划来学会更多的东西"。

为了掌握新的科学技术,跟上世界科学技术发展的潮流,毛泽东强调"我们要造就知识分子"。这个思路跟年初的知识分子会议精神是一脉相承的。

尽管任务艰巨,但毛泽东对于在党内造就大批知识分子还是乐观的。他说:"我们计划在三个五年计划之内造就一百万到一百五十万高级知识分子（包括大学毕业生和专科毕业生）。到那个时候，我们在这个方面就有了十八年的工作经验，有了很多的科学家和很多的工程师。"

为了探索新道路，适应经济建设的新要求，毛泽东还提出"中央委员会中应该有许多工程师，许多科学家"。他说："现在的中央委员会，我看还是一个政治中央委员会，还不是一个科学中央委员会。所以，有人怀疑我们党能领导科学工作、能领导卫生工作，也是有一部分道理的，因为你就是不晓得，你就是不懂。现在我们这个中央的确有这个缺点，没有多少科学家，没有多少专家。"

由于历史的原因，中共中央领导机关的构成以政治家、军事家为主。社会主义经济建设即将全面展开，在新的探索面前，过去许多熟悉的东西闲置起来了，大量不熟悉的东西出现了。这就要求中央领导机关的构成必须实行转变，变成以科学家、技术专家为主的中央委员会。

经过周密细致的政治、思想和组织准备，1956年9月15日，中共"八大"在全国政协礼堂隆重召开。

中共"八大"会场

毛泽东致开幕词。他开宗明义地指出：我们这次大会的任务是，"团结全党，团结国内外一切可能团结的力量，为了建设一个伟大的社会主义的中国而奋斗"。他强调把马克思主义理论与中国实际相结合，"这是我们党的一贯的思想原则"，在全面建设社会主义的历史新时期，仍然要坚持这个原则，走出自己的道路。

为了迎接即将到来的全面经济建设的新高潮，毛泽东向全党发出了"必须善于学习"的号召，他说了一句至理名言："虚心使人进步，骄傲使人落后，我们应当永远记住这个真理。"

毛主席的开幕词，总共不到3000字，鼓掌达32次之多。整个会场，充满了热烈、激动的气氛。人们普遍感受到，中国历史上一个全面建设社会主义的新时期已经到来。

刘少奇代表中央委员会作政治报告，宣布"我国社会主义和资本主义谁战胜谁的问题，现在已经解决了"；"革命的暴风雨时期已经过去了，新的生产关系已经建立起来，斗争的任务已经变为保护社会生产力的顺利发展"。

中共"八大"明确提出：我国社会主义社会制度已经基本上建立起来了。今后国内的主要矛盾"已经是人民对于经济文化迅速发展的需要同当前经济文化不能满足人民需要的状况之间的矛盾"；"党和全国人民的当前的主要任务，就是要集中力量来解决这个矛盾，把我国尽快地从落后的农业国变为先进的工业国"。

"八大"明确提出社会主义制度已经基本建立起来，正确分析中国社会的主要矛盾和面临的新任务，为探索适合中国情况的社会主义新道路奠定了理论基础。在这个基本理论问题上,当时在中共中央核心领导成员中间,在全党,认识上是一致的。

除了制订出一条正确的政治路线,"八大"对适合中国情况的社会主义经济成分也做了认真分析。陈云提出:在公私合营生产经营方面,国营经济和集体经济是主体,附有一定数量的个体经营作为补充;在生产的计划性方面,计划生产是工农业生产的主体,按照市场变化而在国家计划许可范围内的自由生产作为补充;在社会主义的统一市场里,国家市场是主体,附有一定范围内国家领导的自由市场作为补充。

陈云主持中共"八大"闭幕式

陈云关于"三个主体、三个补充"的设想,受到大会的重视,被吸收到大会决议之中。这是新中国从理论和实践上突破苏联传统的社会主义模式,探索经济体制改革道路的重要尝试。

正确的政治路线需要正确的组织路线作保障,探索适合中国情况的建设新路,更需要一个坚强的领导集体。八届一中全会选举了新的主要领导人。中央委员会主席毛泽东（63岁），副主席刘少奇（58岁）、周恩来（58岁）、朱德（70岁）、陈云（51岁），总书记邓小平（52岁）。这是一个经验丰富、坚强有力的领导集体。

关于邓小平和陈云，在此前的七届七中全会上，毛泽东就对他们做了重点推介，说他们是"少壮派"。邓小平"比较周到，比较公道"，"比较有才干，比较能办事"；陈云"是个好人"，"看问题尖锐，能抓住要点"。他还表达了自己在适当时候不当党的主席、不再担任下一届国家主席的愿望，以便集中精力研究一些问题。

三　上下求索探新路

社会主义制度的确立，为当代中国的一切发展和进步进一步奠定了政治前提和制度基础。"八大"以后，新中国进入全面建设社会主义的历史新时期，中共关于适合中国情况崭新道路的探索全面展开，并取得了显著成效。

翻开一年之后的《人民日报》，仅仅1957年10月一个月内，相继建成的重大工程就有：我国第一个天然石油基地——玉门油矿；世界最高的公路——新藏公路；万里长江第一桥——武汉长江大桥。这些项目，在后来的国家经济建设和人民生产生活当中，都发挥了无可替代的作用。

按照"八大"确定的"三个主体、三个补充"的方针，在城市，对经济关系的调整很快有了初步进展，自由市场明显活跃，个体工商户有显著增加，有的城市还出现了自发经营的手工工厂和商店。由于这些工厂和商店，不符合政策的规定，人们将其称之为"地下工厂""地下商店"。仅在上海一地，1956年9月"八大"召开时，只有工商户1661户；"八大"结束后的10月，即有2885户；到年底，很快发展到4235户。

这种情况得到了毛泽东的肯定。这年12月，他多次与工商联负责人和统战部负责人谈话，指出上海等地的地下工厂，因为社会有需要，就发展起来。要使它成为地上，合法化，可以开夫妻店，可以雇工。华侨投资，一百年不要没收。可以消灭了资本主义，又搞资本主义。他把这称之为"新经济政策"。

在年底的全国人大常委会会议上，刘少奇明确指出：我们国家有百分之九十几的社会主义，搞百分之几的资本主义，我看也不怕。有这么一点资本主义，一条是它可以作为社会主义经济的补充，另一条是它可以在某些方面同社会主义经济作比较。

在调整经济关系的同时，管理体制方面的改革也在有计划地进行。1957年秋天召开的八届三中全会，通过了陈云主持起草的关于改进工业、商业、财政管理体制的三个规定草案，按照"八大"的要求，适当向地方和企业下放管理权力。

在农村方面的探索，集中体现在对《一九五六年到一九六七年全国农业发展纲要（草案）》的讨论和修改上。这个草案共有40条，在1956年1月就已经提出，到1957年10月进行修正，主要包括发展生产、多种经营、兴修水利、保持水土、植树造林、扫除文盲、卫生防疫、农村信贷等多方面内容，是一个全面规划农业发展远景的蓝图。纲要提出的指标大多过急过高，超出了当时农村的具体实际；但它指明的方向、解决的思路，至今仍然具有借鉴意义。

根据纲要的要求，从 1957 年开始，农村普遍开展了大规模水利工程建设。行走在中国的大地上，我们至今仍然能够看到这一时期建立的多个大型水库，如广东清远、湖南攸县等地的大型水利工程，仍然在当地的农业生产中间发挥作用。

1957 年 2 月 18 日，全国农业劳动模范会议在北京召开；两天后，全国农业展览会在北京农业展览馆开幕。会议和展览，充分展示了农业战线的新成就。

这年 4 月 20 日，国务院下发了关于消灭血吸虫病的指示。疾病流行区域乡以上各级政府均建立了防治委员会，全面领导开展这一工作。次年 6 月 30 日，《人民日报》报道，江西省余江县率先消灭了血吸虫病。毛泽东浮想联翩，夜不能寐，写下了著名的诗篇《七律·二首》：

  绿水青山枉自多，华佗无奈小虫何！千村薜荔人遗矢，万户萧疏鬼唱歌。……

  春风杨柳万千条，六亿神州尽舜尧。……借问瘟君欲何往，纸船明烛照天烧。

在中共"八大"正确路线的指导下，1957 年的探索，取得了初步的成效。这一年是我国经济建设进行得最好的年份之一。到年底，第一个五年计划的经济指标大幅度超额完成。这为第二个五年计划的实施创造了有利的条件。

到 1957 年国庆节时，我国的现代工业已经达到工农业生产总值的 40%。这样的发展速度，是旧中国所不敢梦想的。翻遍资本主义国家的历史，也没有过这样的记载。联合国也不得不承认，1957 年中国工业发展居世界第一。

在探索经济建设道路的同时，对政治建设的探索也在有序进行。1956年下半年，国内经济出现了生产资料和生活资料供应紧张的情况，一些社会矛盾也表现得比较突出，有些地方甚至发生工人罢工、学生罢课的事件。在半年内，全国大约有一万多工人罢工、一万学生罢课。从10月起，广东、河南、安徽、浙江、江西、山西、河北、辽宁等省，还发生了部分农民要求退社的情况。对政府的批评意见、对现实不满的言论，也多了起来。

面对这些突如其来的事件，全党既没有思想准备，也没有处理经验。一些干部难免按照革命时期养成的经验办事，用类似处理敌我矛盾的办法处理罢工、罢课事件，人为地造成了矛盾的激化。比如，兰州一所技校，发生了外省籍学生要求发给寒假回家路费的事件。学校对此事的处理不是反省自身做法上的问题，采取摆事实、讲道理的方式加以解决，而是采取强硬办法，抓了领头的60多名学生。如何处理这类矛盾，是摆在全党面前亟待解决的重大课题。时代呼唤着新方针、新理论的诞生。

毛泽东敏锐地抓住了时代变化的脉搏，萌发了一些解决社会矛盾的新想法。他在1956年11月15日召开的中共八届二中全会上指出："以后凡是人民内部的事情，党内的事情，都要用整风的方法，用批评和自我批评的方法来解决，而不是用武力来解决。"

但是，不同阶级之间的矛盾历来是用专政的手段去解决的，在社会主义社会中，这种矛盾可以用和缓的方式去解决吗？黄炎培的一封信打消了毛泽东的顾虑。

1956年11月5日至16日，中国民主建国会召开一届二中全会。这是在经历了社会主义改造以后，民主建国会召开的第一次中央全会。民主建国会的成员，有相当一部分是原先的工商业者。他们认为在资本主义工商业社会主义改造基本完成以后，现在不应当再提民族资产阶级的两面性。另外，在民族资产阶级的作用和地位，工人阶级与民族资产阶级的关系等问题上，也有一些不同的认识。在民建中央全会上，展开了充分的讨论，进行了批评和自我批评，最后在思想上取得一致。

毛泽东得知这个情况后，十分高兴。12月4日，他在给民主建国会主任委员黄炎培的复信中，欣喜地说："批评和自我批评这个方法竟在你们党内，在全国各地工商业者之间，在高级知识分子之间行通了，并且做得日益健全，真是好消息。"接着，他谈了对当前社会矛盾的基本看法："社会总是充满着矛盾。""既有矛盾就要求揭露和解决。"在人民内部问题层出不穷的情况下，"解决的方法，就是从团结出发，经过批评与自我批评，达到团结这样一种方法"。这封信表明，毛泽东在观察社会主义社会中纷繁复杂的社会矛盾现象方面，已经形成了若干重要的判断。

1957年2月27日，毛泽东在最高国务会议第十一次（扩大）会议上发表了《关于正确处理人民内部矛盾的问题》的讲话，明确提出必须正确区分和处理两类不同性质的矛盾。讲话把正确处理人民内部矛盾当作国家政治生活的主题，认为今后的主要任务是正确处理人民内部矛盾，以便团结全国各族人民进行一场新的战争——向自然开战，发展我们的经济和文化，建设我们的国家。

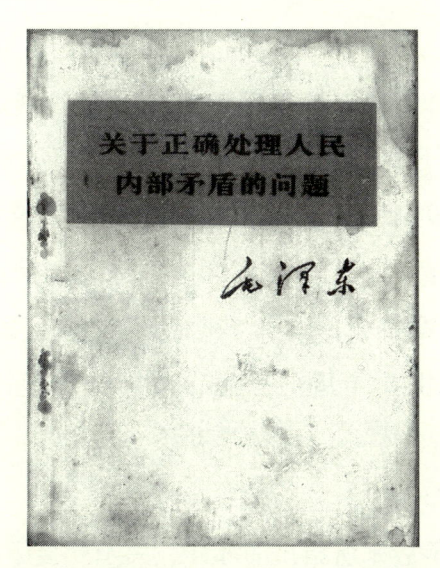

《关于正确处理人民内部矛盾的问题》单行本

这次扩大的最高国务会议到3月1日结束。当天,毛泽东又做总结讲话,谈到"双百"方针等问题的时候,他提到要扩大《参考消息》的发行范围,准备从过去2000份扩大到30万份;还说赞成出《蒋介石全集》。

3月17日,毛泽东乘专列离开北京,前往杭州。沿途经过天津、济南、南京、上海。在短短4天的旅途中,他接连作了4场报告,主题仍然是如何正确处理人民内部矛盾。20日,在南京的演讲中,他谈道:现在是处在这么一个变革的时期,由阶级斗争到向自然界作斗争,由革命到建设。要建设,就要有技术,就要懂得科学,这是一个很大的革命。

毛泽东在讲话中还谈道:把我们的国家建设好要多少年呢?我看大概要一百年吧。要分几步来。这个世纪,上半个世纪搞革命,下半个世纪搞建设。现在的中心任务是建设。

这一年，毛泽东64岁，精力仍然充沛，思维仍然敏捷。

《关于正确处理人民内部矛盾的问题》创造性地提出了社会主义基本矛盾理论，第一次提出了关于社会主义社会两类矛盾学说，破天荒地把"人民内部矛盾"的概念引入人们的视野，明确表达了正确处理人民内部矛盾是社会主义国家政治生活的主题的思想。这些思想与党的"八大"论述的社会主义社会主要矛盾的思想，共同构建了社会主义社会矛盾理论的完整体系，对科学社会主义作出了巨大的理论贡献。

正如邓小平后来所指出的那样，关于社会主义社会的基本矛盾，毛泽东的"这个提法比其他的一些提法妥当"。

毛泽东把能不能正确处理人民内部矛盾，看作社会大变动后的新形势下，党的事业能不能向前推进的主要问题。他最担心的是，党的领导不能跟上迅速发展的形势，甚至落后于党外人士要求共产党转变思想、转变作风日益高涨的呼声，以致陷入被动局面。1957年4月27日，中共中央发出《关于整风运动的指示》。要求整风以正确处理人民内部矛盾为主题，与解决人民内部矛盾相结合。

在毛泽东看来，广泛征求党外人士的意见，对这次整风能否取得成效关系很大。5月4日，他为中共中央起草了《关于请党外人士帮助整风的指示》。

3个月后，毛泽东发表《一九五七年夏季的形势》一文，提出希望通过整风，"造成一个又有集中又有民主，又有纪律又有自由，又有统一意志、又有个人心情舒畅、生动活泼，那样一种政治局面，以利于社会主义革命和社会主义建设"。这是"八大"以来,中共从政治上探索建设一个什么样的社会主义国家的重要思想成果。

随着整风运动的持续与深入,社会上的各种批评意见急剧升温,言辞越来越激烈,一些意见越来越偏激。一些报纸对一些偏激的意见又做了扩大性的报道。当时,在报纸上发表的一些发言和报道、评论,越来越给人一种强烈的印象:似乎中国共产党的各级领导发生了严重问题,这些问题不是局部的,而是全局性的,根源就在于党委(党组)领导负责制;似乎中国共产党的领导已经发生危机,快要混不下去了。在这种错误导向下,有人公开在大学里演讲,攻击中国共产党,攻击党的领导,煽动学生上街、工人罢工。

周恩来曾在6月下旬的国务院全体会议上感叹:"我们用整风鸣放、和风细雨、团结批评团结的方法,是为了发展我们的国家,建设我们的国家。""有些朋友竟然看成是漆黑一团,觉得波匈事件以后,中国也差不多了。""有的人认为船要沉了,天要黑了,另有打算,那就出了轨了。我们料到会发生一些错觉,但没有料到这样多,这样激烈,原则性问题都出来了。"

对于公开鸣放中会出现这样一种局面,毛泽东完全没有料到。这使他感到震惊,从而对形势作出和原来不同的严重估计。很快,整风变成了反击右派的斗争。在当时情况下,这样做是完全正确和必要的。但反右派斗争后来被严重扩大化了,把一批知识分子、爱国人士和党内干部错判为"右派分子",造成了不幸的后果,也给国家政治生活带来了消极影响,这同当初造成生动活泼的政治局面的主观愿望相反。

《人民日报》社论《这是为什么？》

从年初提出要正确处理人民内部矛盾，到反右派运动中发生阶级斗争扩大化，仅仅半年的时间，毛泽东对社会主义矛盾的认识，已经发生了一个大的转变。这年 10 月，他在扩大的八届三中全会上提出："无产阶级和资产阶级的矛盾，社会主义道路和资本主义道路的矛盾，毫无疑问，这是当前我国社会的主要矛盾。"这一判断，实际上改变了"八大"对主要矛盾的论述，是探索的思路发生重大转折的一个关节点。

当探索的脚步跨入 1958 年的时候，便明显地急促起来。在 1 月的南宁会议上，毛泽东提出"不断革命"的思想；在 3 月的成都会议上，他强调要破除迷信，解放思想。这两次会议作为探索中国社会主义建设道路的新起点，强调要打开新思路，寻找更好的方法和更快的速度来建设社会主义；但又严厉批评反冒进，否定了过去探索中的许多成功经验，这不能不助长急躁冒进。

这年 5 月召开的中共"八大"二次会议，不仅接受了毛泽东关于主要矛盾的新判断,而且通过了鼓足干劲、力争上游、多快好省地建设社会主义的总路线。领导人探索中急于求成的迫切心情和人民群众要求尽快改变贫穷落后面貌的良好愿望结合在一起,一场"大跃进"运动就这样自上而下地发动起来了。接踵而至的是人民公社化运动。到年底,全国74万个农业合作社合并为2.6万个人民公社,99%的农户都参加了公社。

"大跃进"壁画

以高指标、瞎指挥、浮夸风、"共产"风为主要标志的"左"倾错误迅速蔓延开来。

1958年8月上旬,毛泽东来到了天津东郊新立农业社视察。他先后参观了五队、七队的稻田,仔细听了社员田间管理的情况。在毛泽东一行走后不久,原来写着亩产1000斤的标牌,立即被改成了3000斤。

像这样随意的"创高产""放卫星",在那个特殊的年份比比皆是,司空见惯。毛泽东对此的态度是不置可否。当被领到一块计划亩产10万斤的试验田前时,他表示出怀疑,并很婉转地说："你们这些粮食，现在还没有到手，还得继续努力呀！"

对"大跃进"中间动辄上万斤甚至10万斤的亩产量，毛泽东从未肯定过。他是一个农家子弟，并不缺乏农业常识。当有人解释说：用电灯为水稻照明，用鼓风机吹风，就可以亩产10万斤。他没有说话。但当有人想让小孩子在水稻上面站一下，以此证明时，他对身边的孩子说："娃娃，不要上去。站得越高，跌得越重哩。"

"大跃进"和人民公社化运动是探索中国社会主义建设道路过程中的一次严重失误。1958年秋冬之间，毛泽东通过频繁外出考察调研，逐步发现运动中出的乱子不少，许多人都在"急急忙忙往前闯"，头脑发热，思想混乱。在11月上旬召开的第一次郑州会议期间，他写了一封给全党四级干部的信，建议大家"要联系中国社会主义经济革命和经济建设"读一些马克思主义理论著作，"使自己获得一个清醒的头脑"。

在此后的八九个月时间里，他主持召开了一系列重要会议，为纠正已经发现的"左"倾错误，作出了初步的努力。

纠"左"的努力到庐山会议后期发生转向。因错误批评彭德怀而发动的"反右倾"斗争，延续了"大跃进"的错误，工农业生产进一步遭到破坏。

从这一年起，因连续遭受严重自然灾害，加上中苏关系恶化，苏联撤走专家，追逼外债，新中国陷入了前所未有的3年困难时期。

四 奋发图强过难关

毛泽东对探索中的失误进行了深入的思考。从1959年底至 1960 年初，他组织了一个读书小组，在杭州集中研读苏联《政治经济学教科书》，边读边议，提出了许多重要的思想观点。特别是关于如何认识经济建设规律、把握价值法则、实行工农业并举、把社会主义社会划分为不发达和发达的两个阶段等，都是来自于对"大跃进"和人民公社化运动经验教训的总结，是对探索适合中国情况的社会主义建设道路的进一步思考。

1960 年 6 月，毛泽东写了一篇题为《十年总结》的文章，对新中国成立后 10 年间的探索历程，做了一个初步的总结，承认"我们对于社会主义革命和建设，还有一个很大的盲目性，还有一个很大的未被认识的必然王国，我们还不深刻地认识它。我们要以第二个十年时间去调查它，去研究它，从其中找出它的固有的规律，以便利用这些规律为社会主义的革命和建设服务"。邓小平认为这个总结是"从思想方法上解决问题"。

时间进入 1961 年。面对经济上面临的严重困难，中共中央在北京召开八届九中全会。毛泽东号召全党要"大兴调查研究之风"，搞一个"实事求是年"。这次会议还通过了"调整、巩固、充实、提高"的八字方针。从此，国民经济进入调整时期。

中央全会一开完，毛泽东就组织三个调查组，分赴浙江、湖南、广东进行农村调查。在他的带动下，几乎所有的中央主要领导都到一线进行调查研究。其中刘少奇去了湖南老家，周恩来去了河北邯郸，朱德去了四川，陈云去了江苏青浦，邓小平去了北京顺义。

在党和国家领导人深入开展调查研究的同时，广大人民群众发扬自力更生、艰苦奋斗的精神，奋发图强，共渡难关。

在挑战面前最能够看出一个民族的性格。新中国就这样在艰难跋涉中走进了1960年代。这是一个艰苦创业的年代，也是一个英雄辈出的年代。

随着大庆油田的发现，一场石油大会战于1960年迅速拉开了序幕。4万多名职工从全国各地齐聚在东北平原，他们中间有一支功勋钻井队，来自嘉峪关外的玉门油田，队长就是后来广为人知的"铁人"王进喜。

钻机运到了，没有装卸工具，王进喜就带领工人们人拉肩扛；打井需要大量用水，没有运输工具，他们就肩挑手提。工人们就是采取这样的办法，在5天多的时间内打出了第一口油井，创造了当时的最高纪录。

王进喜 　　　　　　陈永贵

只有亲身经历了那种场面的人，才能体会到什么叫艰苦创业，什么叫奋发图强。

"宁肯少活20年，拼命也要拿下大油田！""铁人"的豪言壮语,在那个年代鼓舞着多少人去艰苦创业。

陈永贵,是当年与王进喜齐名的劳动模范。他来自太行山北麓一个名叫大寨的小山村。面对恶劣的自然条件,面对突如其来的洪水灾害,他提出战天斗地的口号,带领村民白手起家、重建家园。

大庆和大寨,成为当时工农业两条战线的两个样板,王进喜和陈永贵,也成为人们广泛学习的两个著名劳动模范。

1961年3月,在进行调查研究的基础上,毛泽东在广州主持起草了《农村人民公社工作条例(草案)》(简称《农业六十条》)。《农业六十条》后来几经修改,其修正草案不仅取消了供给制和公共食堂,而且提出以生产队为基础的人民公社三级所有制,初步调整了农村政策。

继《农业六十条》之后,许多部门和行业的工作条例都先后制订出来了。其中包括邓小平主持起草的《国营工业企业工作条例(草案)》(简称《工业七十条》)和《教育部直属高等学校暂行工作条例(草案)》(简称《高教六十条》);李先念等人主持制订的《关于改进商业工作的若干规定(试行草案)》(简称《商业四十条》);聂荣臻主持制订的《关于自然科学研究机构当前工作的十四条意见(草案)》(简称《科学十四条》);周恩来督促制订的《关于当前文学艺术工作若干问题的意见(草案)》(简称《文艺八条》);等等。这些条例出台之后,对于国民经济以及教育、科学、文艺政策的调整发挥了积极的作用。

当时中央之所以花这么大的力气制订这些条例草案,按照毛泽东的说法,是因为从"大跃进"和人民公社化运动的挫折之中，得出一个教训，单有总路线还不够，还要有贯彻总路线所需要的工农商学兵各个方面的具体方针政策。这就是1961年制订的各个部门和行业的工作条例。

1962年1月，中共中央在北京召开扩大的中央工作会议，简称七千人大会，对近几年来的失误和挫折进行深刻的反思。毛泽东主动承担了责任。他说："凡是中央犯的错误，直接的归我负责，间接的我也有份，因为我是中央主席。"

毛泽东在七千人大会上的讲话，重点讲民主集中制问题，同时讲到对于建设社会主义规律的认识，有一个长期的过程。他说，在社会主义建设上，我们还有很大的盲目性。社会主义经济，还有许多未被认识的必然王国。拿我来说，经济建设工作中间的许多问题，还不懂得。要赶上和超过世界上最先进的资本主义国家，没有一百多年的时间，我看是不行的。

七千人大会之后，刘少奇主持"西楼会议"，指出现在的形势仍然处在"非常时期"。陈云认为，有了各个部门的具体条例，这还不够，还必须处理好它们之间的综合平衡关系，形成总体的全局性的工作路线。会后重新成立了以陈云为组长的中央财经小组，起草关于1962年的调整计划报告，对国民经济进一步大刀阔斧地进行调整。

第一件措施就是大力精简职工，压缩城镇人口；第二就是大力压缩基本建设；第三就是缩短工业战线；第四就是进一步从人力、财力、物力上支援农业，因为吃饭是最重要的。

由于采取了这些果断的措施，经过全党的共同努力和全国人民的艰苦奋斗，调整工作取得较快成效，城乡人民生活开始好转。到 1962 年底，中央宣布，国民经济最困难的时期已经度过了。

困难在渐渐消退，领袖的故事、人民的奉献、英雄的传说，却永远地流传下来。

雷锋　　　　时传祥　　　　焦裕禄

这一年，一名普通解放军战士的故事在神州流传，他的名字叫雷锋，他艰苦奋斗、助人为乐的故事家喻户晓。"把有限的生命投入到无限的为人民服务中去"，是他的名言。在他的身上，集中体现了中华民族的传统美德和共产主义的道德品质。他因公殉职后，部队所在的抚顺市，有近 10 万普通市民自发前来送行。党和国家领导人纷纷为他题词。"向雷锋同志学习"，成为那个年代最响亮的口号。

这是一个艰苦奋斗的年代，也是一个英雄辈出的年代。

在北京，掏粪工人时传祥的平凡事迹传遍大街小巷；

在上海，南京路上好八连艰苦奋斗的优良传统被人们争相传诵；

在河南，县委书记焦裕禄为人民鞠躬尽瘁、死而后已的精神深入人心；

在内蒙古，草原英雄小姐妹与风雪搏斗的感人故事广为流传……

正是在那个艰苦创业的调整年代,新中国国防工业取得重大突破,一举奠定了在国际上的大国地位。

1961年,在苏联已经撤走专家、带走图纸的严峻情况下,中共中央作出以研制"两弹"为中心,加速发展国防工业的重大决策,毛泽东批示"要大力协同做好这件工作"。一批批著名科学家开始隐姓埋名,进入大西北的戈壁沙滩,

经过几年的辛苦努力,1964年10月16日,中国第一颗原子弹终于在罗布泊试验基地爆炸成功。消息传到北京,人民大会堂已经华灯初上,大型音乐舞蹈史诗《东方红》正在这里拉开序幕。

史诗《东方红》的参与者永远也不会忘记这一天,1964年10月16日,发布消息的周恩来兴奋得难以自持,因为主席特意关照,要把一桩更大的喜讯告诉大家,那就是中国第一颗原子弹在这一天实验成功了。

1964年,中国第一颗原子弹试爆成功

当晚,新华社发表《中华人民共和国政府公告》,郑重宣布:"中国在任何时候、任何情况下都不首先使用核武器。"公告建议:"召开世界各国首脑会议,讨论全面禁止和彻底销毁核武器问题。"

1964年底到1965年初,三届人大一次会议在北京召开,周恩来在政府工作报告中宣布,调整国民经济的任务已经基本完成,整个国民经济将要进入一个新的发展时期。他根据毛泽东的建议,第一次完整地、明确地提出了实现四个现代化的奋斗目标。这个目标的提出,总结了党的第一代领导集体对建设什么样的社会主义的长期思考,是带领全国人民艰辛探索的最新成果,具有强大的凝聚力、号召力。

十年探索,倍感艰辛;有曲折,也有失误,但成就是主要的。正如邓小平主持制订的第二个"历史决议"所指出的:"我们现在赖以进行现代化建设的物质技术基础,很大一部分是这个期间建设起来的;全国经济文化建设等方面的骨干力量和他们的工作经验,大部分也是在这个期间培养和积累起来的。"

五 接力探索待后人

1965年的国庆节留给人们太多的记忆。

在国庆游行队伍里,有两幅标语格外引人注目:一条是"准备为实现第三个五年计划而奋斗",这表明新的五年规划已经纳入了中国经济建设的轨道;另一条是"反对现代修正主义,捍卫马克思列宁主义",这预示着一场史无前例的政治风暴即将来临。而已经实行了10年的军衔制突然被当作修正主义的东西予以取消，似乎就是一个明显的信号。

转过年来的"五一六通知"，印证了人们这种不祥的预感。这个发动"文化大革命"的纲领性文件，认为像赫鲁晓夫那样的修正主义分子正睡在我们的身边，他们是"混进党内、政府内、军队内和各种文艺界的资产阶级代表人物"，过去采取的各种形式都不能解决问题，只有实行"文化大革命"，公开地、全面的、自下而上地发动广大群众，才能把被走资派篡夺的权力重新夺回来。

《人民日报》上的"五一六通知"

一场大动乱就这样开始了，并迅速席卷了全国。

"文化大革命"是由领导人错误发动，被林彪、江青两个反革命集团利用，给党、国家和人民带来严重灾难的内乱，标志着对社会主义建设道路的探索已经步入了误区。但探索的努力，始终没有放弃。

在毛泽东第三次接见红卫兵时，周恩来发表讲话说："搞好工农业生产,关系很大,它关系到我国社会主义建设,关系到第三个五年计划,关系到城乡人民生活。我们一定要响应毛主席的号召,一手抓革命,一手抓生产,保证'文化大革命'和工农业生产双胜利。"

面对"打倒一切、全面内战"的混乱局面,领袖和人民都在反思。

1967年夏天,毛泽东离开北京,沿途视察华北、中南和华东地区。一路上,他反复强调,在工人阶级内部,没有根本的利害冲突,要成立三结合的领导班子,实现革命的大联合。他警告红卫兵和造反派:现在是你们有可能犯错误的时候。

在经历了最初的动乱和喧嚣之后,大多数人都回到了自己的本职工作岗位上。他们在工厂、在农村、在矿山,顶着压力,坚持生产。

就在这个闷热的夏天,来自中国西部上空的一声闷响,宣告了第一颗氢弹爆炸成功,标志着新中国核武器的发展进入了一个新的阶段。

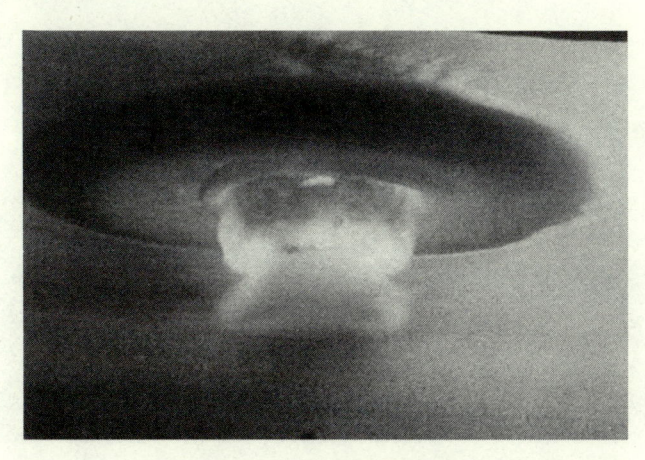

1967年,第一颗氢弹爆炸成功

此时，中国人自己设计、自己建造的南京长江大桥，正进入紧张的施工阶段。大桥建设者们顶住造反派的压力，日夜坚守在工地，终于在1968年建成通车。他们感慨地说：如果不是受"文化大革命"的干扰，大桥本应该建成得更早。

由于"文化大革命"的破坏和干扰，成昆铁路的建设被耽误了整整两年。1970年7月1日，当它终于建成的时候，每一个建设者的心里都充满了迟到的喜悦。

更让人喜悦的是，这年4月24日，中国第一颗人造地球卫星发射成功。5月1日，当它飞临祖国上空的时候，《东方红》乐曲响彻寰宇。天安门广场庆祝五一节的人们，和全国人民一起欢声雷动。

转眼就到了1971年。这一年秋天，有两件事情让人们记忆深刻。先是"九一三事件"震惊全国，接着是联合国恢复中国的合法席位震惊世界。

"九一三事件"现场

林彪事件的发生，客观上宣告了"文化大革命"从理论到实践的破产。毛泽东本人也深受打击。此时他年近八十，已步入暮年，对自己一手发动起来的"文化大革命"，他深知赞成的人不多，反对的人不少。于是在周恩来的协助下，开始逐步调整干部政策，"解放"了一大批老干部。正是根据他的提议，中共中央于1973年3月作出决定，恢复邓小平的党组织生活和国务院副总理职务。此时的邓小平，已经悄悄回到了阔别3年多的北京。

在国内政策调整的同时，中国的对外政策也出现了新变化。毛泽东审时度势，运筹帷幄，作出一系列重要决策，实现了国家对外关系的前所未有的突破。1971年10月，在纽约举行的第二十六届联合国大会通过了恢复新中国合法席位的决议。这是多少年来中国实行独立自主外交所取得的胜利。新中国成立以来，旗帜鲜明地反对帝国主义、反对侵略、反对霸权，得到了广大的第三世界国家的支持。资本主义国家也先后起了变化，在联合国大会上，英国、法国、比利时、荷兰都做了"红卫兵"，造了美国的反。

决议通过后，整个会场立即沸腾了，一些非洲国家的兄弟在联合国大会上跳起了欢乐的舞蹈。毛泽东对于在联合国恢复新中国合法席位早有预料，但是没想到会来得这么快。他深有感触地说：是非洲的黑人兄弟们把我们抬进联合国的。这是新中国长期实行以和平共处五项原则为核心的和平外交的重大成果。

当联合国恢复新中国合法席位的电波传遍世界的时候，美国总统特使基辛格的飞机正从太平洋上空返航。这已是他第二次神秘的中国之旅，为尼克松访华做最后的准备。在中美两国领导人的共同努力下，中美关系正常化的大门即将打开。

新中国恢复联合国合法席位时的场景　　尼克松访华

次年2月21日，美国总统尼克松一行抵达北京，进行为期一周的访问。28日，双方签订《中华人民共和国美利坚合众国联合公报》，标志着两国关系正常化过程的开始。

9月25日，日本首相田中角荣来华访问。双方签署了建立外交关系的联合声明，结束了中日之间的不正常状态，实现了邦交正常化。

在此前后，同中国恢复和建立外交关系的还有意大利、联邦德国等41个国家。西方世界封锁中国长达20多年的铁幕就这样被打破，一个崭新的外交新格局终于出现了。

在1973年召开的中共"十大"，陈云、邓小平等一批在"文化大革命"中受到排挤和打击的老干部出现在主席台上，这说明党内健康力量正在恢复和加强。但江青集团的势力也在这次大会上进一步扩张起来。他们借"批林批孔"运动等大做文章，把攻击的矛头直接指向周恩来等老一辈革命家，并公开干扰刚刚趋向稳定的国民经济。此后，双方又围绕四届人大的人事安排展开了针锋相对的斗争。

毛泽东对江青等人的图谋早有察觉，多次进行批评，并警告江青不要由她"组阁"，不要搞成"四人小宗派"。他认为邓小平政治思想强，人才难得，提议担任第一副总理、军委副主席和总参谋长，参加中央和军委的领导工作。在1975年1月8日至10日召开的中共十届二中全会上，邓小平被选为中央副主席、中央政治局常委。

3天后，第四届全国人民代表大会在北京召开。周恩来在政府工作报告中重申国民经济两步走的发展蓝图："第一步，用十五年时间，即在一九八〇年以前，建立一个独立的比较完整的工业体系和国民经济体系；第二步，在本世纪内，全面实现农业、工业、国防和科学技术的现代化。使我国国民经济走在世界的前列。"

重提实现四个现代化的宏伟目标，给困境中的人民以极大的鼓舞，唤起了人们的新希望。

这次会议确认了以周恩来、邓小平为领导核心的国务院组成人员名单。在随后公布的国务院各部委负责人名单中，以叶剑英为代表的老同志掌管了国防、经济、公交等要害部门，"四人帮"势力被安排在文化、体育、卫生等少数几个部门。这意味着"四人帮"组阁阴谋的破产，是党内健康力量的一次大胜利。

由于周恩来病情日益加重，四届人大以后，邓小平即受毛泽东的委托，全面主持党政军的日常工作，着手进行大刀阔斧的整顿。

整顿是在"文化大革命"后期那种特定的困难情况下，

从局部探索中国经济建设道路的又一次尝试。虽然因为触及对"文化大革命"的全面否定,最终不可避免地走向夭折,但它对当时中国经济的发展和未来中国的启示作用是不容忽视的。邓小平后来这样评价说:整顿是改革的实验。

命运多舛的中国,就像滔滔不绝的黄河,走过了九曲十八弯,进入了难忘的1976年。

这一年,新中国的缔造者和领导者周恩来、朱德、毛泽东相继去世。他们领导全党全国各族人民创建新中国,建立社会主义制度,为当代中国一切发展进步奠定了根本政治前提和制度基础。在此基础上,又开始对适合中国情况的崭新道路进行艰辛的探索,取得了宝贵的经验,也留下了深刻的教训。

他们的历史功勋,值得全党全国人民永远铭记!

"四人帮"审判现场

这一年10月,中共中央采取果断措施,一举粉碎"四人帮",宣告了一个时代的结束。

新中国成立后,中国共产党人从中国革命和建设的历史实践出发，以巨大的理论勇气和与时俱进的创新精神，探索适合中国情况的社会主义道路。

这是一次伟大的探索，同时也是一次义无反顾的远行。历史不可能等待中国共产党人弄清楚一切后才开始它的步伐。新的探索必须起步，新的任务必须完成，历史驱使着中国共产党人不断地向前！向前！向前！在没人走过的地方踏出一条路来。

在这一探索过程中，既有凯歌行进的岁月，也有艰难曲折的时刻。由于我们党领导社会主义事业的经验不多，党的领导对形势的分析和对国情的认识有主观主义的偏差，导致对中国社会主义建设道路的探索逐渐偏离了正确的方向，直至发生了"文化大革命"这样全局性的、长时间的严重错误，给中国社会主义建设事业造成了巨大而惨重的损失。

历史在等待着马克思主义中国化的第二次飞跃！人民在呼唤新时代的领路人！

图书在版编目(CIP)数据

毛泽东与中国道路 / 唐洲雁等著 .—北京：社会科学文献出版社，2014.1
ISBN 978－7－5097－5175－6

Ⅰ.①毛… Ⅱ.①唐… Ⅲ.①毛泽东（1893～1976）—传记 Ⅳ.①A751

中国版本图书馆 CIP 数据核字（2013）第 238722 号

毛泽东与中国道路

著　　者 / 唐洲雁 等	
出 版 人 / 谢寿光	
出 版 者 / 社会科学文献出版社	
地　　址 / 北京市西城区北三环中路甲 29 号院 3 号楼华龙大厦	
邮政编码 / 100029	
责任部门 / 人文分社 （010）59367215	责任编辑 / 吴　超
电子信箱 / renwen@ ssap. cn	责任校对 / 孙光迹
项目统筹 / 宋月华　吴　超	责任印制 / 岳　阳
经　　销 / 社会科学文献出版社市场营销中心 （010）59367081　59367089	
读者服务 / 读者服务中心 （010）59367028	
印　　装 / 三河市尚艺印装有限公司	
开　　本 / 787mm×1092mm　1/20	印　张 / 10.6
版　　次 / 2014 年 1 月第 1 版	字　数 / 143 千字
印　　次 / 2014 年 1 月第 1 次印刷	
书　　号 / ISBN 978－7－5097－5175－6	
定　　价 / 39.00 元	

本书如有破损、缺页、装订错误，请与本社读者服务中心联系更换
▲ 版权所有　翻印必究